Die Wilhelm-Busch-Bibliothek

Band 6

Wilhelm Busch

Elisa

aussaat

clv

1. Auflage 2006

© 2006 Aussaat Verlag
Verlagsgesellschaft des Erziehungsvereins mbH,
Neukirchen-Vluyn
Satz: CLV
Umschlag: H. Namislow
Druck und Bindung: GGP Media GmbH, Pößneck

Die Wilhelm-Busch-Bibliothek besteht aus 13 Bänden

ISBN-10: 3-7615-5487-7 (Aussaat)
ISBN-13: 978-3-7615-5487-6 (Aussaat)
ISBN-10: 3-89397-681-7 (CLV)
ISBN-13: 978-3-89397-681-2 (CLV)

Inhaltsverzeichnis

Ein Gutsbesitzers-Sohn wird Prophet 11
Ein verzagter Mann wird getröstet / Elisa wird
berufen / Der Abschied

Im Schatten des Großen 22
Die Ereignisse / Was Elisa sah und lernte

Die ersten eigenen Schritte 28
Elisa hat eine eigene Offenbarung / Elisa leitet die
Unmündigen / Elisa setzt sich gegen Elia durch /
Zwei Männer miteinander

Die letzten Stunden 35
Wir haben einen Gott, der Wunder tut / Ein
großartiger Wünscher

Die Fahne des Königs bleibt nicht liegen 41
Eine fast gefährliche Bitte / Ein Stück Herrlichkeit /
Elisa sorgt sich um Gottes Volk / Der Herr
bestätigt Seinen Knecht

Geistlicher und blinder Eifer 49
Die Propheten-Kinder / Vom Geist der
Unterscheidung / Blinder Eifer schadet nur

»Ich mache alles neu« 55
Der Prophet findet Vertrauen / Vom
Wunderglauben / Lebenswasser / Etwas aus
Jerichos Gnadengeschichte

Gott lässt sich nicht spotten 62
Ein »anstößiges« Ereignis – näher erklärt / Gott
bekennt sich zu Seinen Knechten

Hoher Besuch 68
Drei ohnmächtige Könige und ein mutiger
Prophet / Den Demütigen gibt Gott Gnade

Jammer und Herzeleid 74
Gott will Barmherzigkeit / Ein Ehepaar unter Gott

Gott erbarmt sich einer Elenden 79
Zwei Fragen / Auf Hoffnung glauben / »Er
schenket mir voll ein«

Die Sunamitin 90
Der Prophet findet einen Ruheort / Christen
sind Heilige / Der Diener Gehasi / Wunschlos
glücklich? / Eine Frau in Not

In die Höhe und in die Tiefe 100
Große Verheißungen … / … und ein verzagtes
Herz / Der Herr gibt und nimmt

Einsamkeit 107
Vom irdischen Sinn / Unsere Not muss vor den
wahren Helfer gebracht werden

Eine wunderliche Frau 112
Aufbruch im Glauben / Zielstrebiges Suchen

Christenstand in der Prüfung 120
Anfechtungen / Umwege / Nachfolge ohne Kraft

Gott will Leben 126
Der Todesüberwinder / Das Ende ist Anbetung

Der Tod im Topf 131
Teure Zeit / Sechs Hilfen zur Auslegung

Lebendige Gemeinde 138
Nehmet euch der Notdurft der Heiligen an / Die
Frucht des Geistes ist Liebe / Niemand suche das
Seine / Wachset in der Gnade / Der Herr bekräftigt
das Wort

Die Geschichte vom Feldhauptmann
Naeman 144
Ein armer reicher Mann / Ein erleuchtetes und
einige unerleuchtete Herzen

Auf hohem Ross 151
Die Enttäuschung / »Ich meinte …«

Ein umgewandelter Mann 160
Die ganz große Hilfe / Abgestiegen / Das
Bekenntnis

Zwei Männer vor Gott 171
Elisa: abgelehnter Reichtum / Naeman: erste
Glaubensentscheidungen

Ein böser Knecht 179
»Herr, bin ich's?« / Gehasi, ein Dieb und Lügner

Frühlingstage der Gemeinde 191
Eine kleine Gemeinde wächst / Eine Gemeinde
ohne passive Mitglieder / Gesegnete Abhängigkeit /
Er muss dabei sein / Treue im Irdischen

Eine Wunder-Geschichte 203
»Mein Gott kann alles« / Unsere Verlegenheiten … /
… Gottes Gelegenheiten

Versinkendes wird heraufgebracht 209
Ist allegorische Auslegung erlaubt? / Das
Wunderholz

Vergebliches Planen 216
Christen sind Realisten / Um des Bundes willen /
Christen sind verantwortlich für ihre Kirche /
Gefährliche Orte

Das Verborgene ist nicht verborgen 223
Ungöttlicher Zorn / Der Herzenskündiger

Ein Herz in Not 231
Von Feinden umstellt / Auf der Seite des Siegers /
Sehen auf das Unsichtbare

Geöffnete Augen 243
Gottes Heere / Aus Angst errettet

In die Falle gelaufen 249
Ein kühner Entschluss / Ein vollmächtiger Beter /
Mitten im Verderben

Der Welt fällt nichts Neues ein 255
Nicht Mitmenschlichkeit, sondern Liebe / Nichts
gelernt / Zwei Welten

Die große Hungersnot 262
Der König von Syrien / Die beiden Mütter / Der
König von Israel / Die Ältesten / Der Prophet Elisa

Dein Wort ist nichts als Wahrheit 272
Errettetsein gibt Rettersinn / Christen rechnen anders / Die Hauptmelodie / Von der Rettung ausgeschlossen / Sein Wort ist wahr

Elisas Grab 279
Ein seltsames Geschehnis / Jesu, meines Todes Tod / Sein Tod – nicht das Ende

Ein Gutsbesitzers-Sohn wird Prophet

1.Könige 19,19-21: Und Elia ging von dannen und fand Elisa, den Sohn Saphats, dass er pflügte mit zwölf Jochen vor sich hin; und er war selbst bei dem zwölften. Und Elia ging zu ihm und warf seinen Mantel auf ihn. Er aber ließ die Rinder und lief Elia nach und sprach: Lass mich meinen Vater und meine Mutter küssen, so will ich dir nachfolgen. Er sprach zu ihm: Gehe hin und komme wieder; bedenke, was ich dir getan habe! Und er lief wieder von ihm und nahm ein Joch Rinder und opferte es und kochte das Fleisch mit dem Holzwerk an den Rindern und gab's dem Volk, dass sie aßen. Und machte sich auf und folgte Elia nach und diente ihm.

Es ist schön, den biblischen Namen nachzugehen. Sie sind oft geradezu ein Programm.
Saphat hieß der Vater des Elisa. Saphat heißt »Gott ist Richter«. Der Name des Sohnes Elisa bedeutet »Gott ist Heil«. Wer das gelernt hat, »Gott ist Richter« und »Gott ist Heil«, der hat das Evangelium begriffen. Eins darf nicht ohne das andere sein. Nur wer weiß, dass Gottes Gericht schrecklich und gerecht ist, und wer sich fürchtet vor Seinem Zorn, der kann richtig ermessen, was das ist: Gott selber ist in Jesus unsere Gerechtigkeit und unser Heil geworden.

Die beiden Namen »Saphat« und »Elisa« zusammen enthalten die ganze erschreckende und frohmachende Botschaft der Bibel.

Ein verzagter Mann wird getröstet

»Und Elia ging von dannen und fand Elisa.« Welch starker Trost war der junge Elisa für den Elia! Der kam geradewegs von einer seiner schwersten Stunden. Nachdem Gott ihm den großen Sieg auf dem Berge Kamel gegeben hatte, musste er, um sein Leben zu retten, vor der abgöttischen Königin Isebel fliehen. Er war in die Wüste geflohen und dann weitergewandert zu dem Berg Horeb, wo Gott zuerst den Bund mit Seinem Volk geschlossen hatte. Auf diesem Berg schrie sein Herz: »Es ist genug, Herr!« Und als der Herr ihm begegnet, sagt er bitter: »Israel hat deinen Bund verlassen und deine Altäre zerbrochen. Ich bin allein übrig geblieben.« Es ist wundervoll, wie nun der Herr mit Seinem müden und verzagten Knecht spricht. Er sagt ihm: »Ich will lassen übrig bleiben siebentausend in Israel: alle Knie, die sich nicht gebeugt haben vor Baal.«

Ja, der Herr lässt es nicht bei dieser anonymen Verheißung. Er erinnert den Elia an einen Namen, den er kennt: »Gehe hin und salbe Elisa, den Sohn Saphats, von Abel-Mehola, zum Propheten an deiner Statt.« Der Herr nennt nur den Namen. Offenbar also war der dem Elia bekannt. Elisa – ja, das war einer der wenigen jungen Männer, die dem abgöttischen und leichtfertigen Geist des Heidentums, der sich in Israel breitmachte, nicht erlegen waren! Ich denke, das Herz des Elia war schon ein wenig getröstet, als er an Elisa dachte. Offenbar doch war der Elisa eine Frucht seiner Arbeit. Es gibt für einen Knecht Gottes keine größere Freude, als wenn er Frucht sehen darf. »Er ging von dannen.« Jetzt ging es leichter. Der Herr hatte ihn getröstet. Er eilte, den vom Herrn genannten jungen Mann zu treffen. Es ist ja für Kinder Gottes immer eine besondere Freude, wenn sie mit Gleichgesinnten zusammenkommen können.

Elisa wird berufen

»*Elia ging zu Elisa und warf seinen Mantel auf ihn.*« Man kannte in Israel den rauen Prophetenmantel, der nachher im Leben des Elisa noch eine Rolle spielen sollte. Wenn Elia den Prophetenmantel dem Elisa um die Schultern hängte, dann wusste dieser sofort: Das bedeutet die Berufung. Das heißt: »Folge mir nach!« Wie wir aus dem nächsten Vers hören, war der Vater Elisas ein frommer Mann, von dem kein Widerstand bei dieser Berufung zu erwarten war. Wie oft mag man in dem Hause des Saphat über das Wirken des Elia gesprochen haben! Wie waren die Wunder, Zeichen und Gerichte, die Gott durch ihn tat, eine Glaubensstärkung für die Familie! Und wahrscheinlich hat der junge Elisa den gewaltigen Zeugen Gottes heimlich bewundert.

Nun wird er zum Dienst berufen. Das ist eine einschneidende Stunde. Denn: Bewundern ist immer noch leichter als nachfolgen. Jesus hat auch viele Bewunderer. Aber an Nachfolgern fehlt es oft.

Mit *»zwölf Joch Ochsen«* pflügte der Elisa. Das waren 24 wertvolle Tiere. Saphat muss also ein reicher Bauer gewesen sein. In seinem Hause fehlte es an nichts. Nun sollte der Sohn Prophet werden. Das war ein armes Wanderleben. Welch eine Entscheidung für den Elisa!

Ich könnte mir denken, dass er mit wehmütigen Augen seine zwölf Joch anschaute. Aber davon wird kein Wort berichtet. Er folgte der Berufung. Und nun geht unwillkürlich der Blick hinüber in das Neue Testament. Als der Herr Jesus Seine Jünger berief, war es genauso (Luk. 5,11 und Matth. 9,9):

»Sie führten die Schiffe zu Lande und folgten ihm nach.«

»Und Matthäus stand auf und folgte ihm.«

Vielleicht liest diese Zeilen jemand, den der Herr Jesus schon sehr lange gerufen hat. Aber man ist noch nicht dazu gekommen, Ihm Herz und Leben in die Hand zu geben. Man zögert. Man überlegt. Man trippelt vor der »engen Pforte« herum, als wenn sie das Tor zum Tode wäre. Wie beschämt dieser willige Bauernsohn manchen von uns!

Nun müssen wir die Sache aber auch einmal andersherum ansehen. Immerhin waren die Propheten in Israel bekannte, oft gefürchtete, oft aber auch geliebte Leute. Es war ja für den Elisa nicht nur ein Opfer, wenn er dem Elia folgte. Seine Berufung zum Propheten Gottes war auch eine Auszeichnung. Und wenn wir das bedenken und sehen, wie willig der Elisa dem Ruf folgte, muss man sich fast wundern, dass er sich nicht schon selber berufen hatte.

Gottfried Menken, einer der großen Prediger der evangelischen Kirche, gab 1804 eine Predigtreihe über Elia heraus. Darin sagt er:

> »Der unreine, stolze, eigensüchtige Dünkel, da einer, ohne auf Gott zu sehen, ohne die Wahrheit zu lieben, ohne Pflicht und Berufung zu haben, sich durch den eigenen Geist treiben lässt, die Welt erleuchten zu wollen, indessen er selbst Finsternis

ist, Staat und Kirche reformieren zu wollen, ohne sein eigenes Haus, viel weniger sein Herz geordnet zu haben, – der macht Werkzeuge des Teufels ... Alles Heraustreten aus eigener Wahl und Leidenschaft aus einem Beruf und Stand, worin wir nach Gottes Willen sind und sein sollen, ist gefährlich und sündlich und ohne Segen.«

Und Friedrich Wilhelm Krummacher sagt in seinem Buch »Elias der Thisbiter« zu dieser Stelle:

»Ein anderer wäre an Elisas Stelle längst auf den Gedanken gekommen, er sei zu gut für den Pflug und für eine höhere Sphäre geboren als für die eines einfachen Bauersmanns, er dürfe der Menschheit sein Talent nicht vorenthalten.«

Nun, Elisa wurde berufen – im Auftrag Gottes. Das ist eine große Sache. Es ist ja wunderlich, dass hier gar nicht die Frage nach einer Ausbildung des Elisa auftaucht, obwohl wir aus jener Zeit schon von Propheten-Schulen hören. Es ist doch unvorstellbar, dass ein Mensch predigen soll, wenn er nicht wenigstens einige theologische Kurse besucht hat! Aber davon ist nicht die Rede. Gott gibt Seinem Knecht eine Geistesausrüstung, durch die Er einen besseren Zeugen haben wird, als alle in Prophetenschulen ausgebildeten jungen Leute es sind.

Der Abschied

»Er ließ die Rinder.« Wundervolle Bereitschaft, alles, was er besitzt, was das Leben angenehm macht, für Gott dranzugeben! Wir werden erinnert an das, was der Hebräerbrief über Mose sagt (Hebr. 11,25f):

»Er achtete die Schmach Christi für größeren Reichtum denn die Schätze Ägyptens. Er erwählte viel lieber, mit dem Volk Gottes Ungemach zu leiden, denn die zeitliche Ergötzung der Sünde zu haben, denn er sah an die Belohnung.«

»Lass mich meinen Vater und meine Mutter küssen.« Hier entsteht eine wichtige Frage, wichtig für alle, die den Ruf unseres Propheten Jesus hören. Im Neuen Testament wird uns von einem Mann berichtet, der zwar Jesus nachfolgen, vorher aber einen Abschied halten wollte. Jesus sprach zu ihm (Luk. 9,62):

»Wer seine Hand an den Pflug legt und

sieht zurück, der ist nicht geschickt zum Reich Gottes.«

Warum erlaubt der Herr diesem Mann nicht, der kindlichen Pflicht zu genügen? Und warum darf Elisa zuerst nach Hause gehen und Abschied nehmen?

Es wird hier deutlich, dass der Herr nicht das gleiche mit allen Seinen Kindern tut. Es hat jeder Jünger seine eigene Geschichte mit dem Herrn. Dem Mann im Lukasevangelium wäre dieser Abschied vielleicht zur Gefahr geworden. Seine Angehörigen hätten ihn überreden können, von dem Plan der Nachfolge abzustehen. Bei den Eltern Elisas war offenbar diese Gefahr nicht vorhanden.

So kann es gewesen sein. Jedenfalls sollten wir uns hüten, unsere eigene geistliche Lebensgeschichte zum Maßstab für andere zu machen, weil unser Herr für jeden Seine besondere Führung hat. Er ist ein guter Erzieher. Und Er weiß schon, wie Er ein jedes von uns führen muss. Wie verschieden waren doch diese beiden Berufenen! Der Elisa sagt: »Lass mich Abschied nehmen, so will ich dir folgen.« Sein Blick ist also schon beim Abschied nach vorne gerichtet. Er gleicht den Gideonkämpfern, die ihre Waffen nicht ablegen, sich nicht erst lagern, sondern nur eben mit der Hand Wasser aus dem Bach schöpfen und so trinken – mit dem Blick nach vorn – stehend und in Bereitschaft (Richter 7,4ff).

Der Mann aus dem Lukas-Evangelium sagt auch: »Ich will Abschied nehmen.« Doch von der Nachfolge sagt er nichts. Sein Blick ist noch ganz auf das gerichtet, was dahinten bleibt. Er gleicht der Frau des Lot, die sich von Sodom nicht trennen konnte (1.Mose 19,26). Und weil die beiden so verschieden waren, werden sie auch bei der Berufung verschieden behandelt.

»Lass mich meinen Vater und meine Mutter küssen.« Wie lieblich klingt das. Es verrät etwas von dem schönen Verhältnis zwischen Eltern und Kindern in einem Haus, in dem der Herr regiert.

Elisas Bitte war kein Ausweichen vor dem Ruf Gottes. Sie kam aus einem Herzen, welchem Gottes Gebot eingeprägt war: Du sollst Vater und Mutter ehren! Die Bibel sagt: »Des Vaters Segen baut den Kindern Häuser.« Und weil der Elisa in Gottes Wegen wandelte, wollte er gern für seinen neuen Beruf den Segen seiner Eltern haben.

Wir sind hier an einer heiklen Stelle. Wenn ein junger Mensch den Ruf Jesu zur Nachfolge hört, ist es eines der größten Probleme, wie er diesen Ruf mit dem Gehorsam gegen die Eltern in Einklang bringen soll. Ich habe es als Jugendpfarrer oft erlebt, wie ungläubige Eltern nervös wurden, wenn ihre Kinder sich zum Herrn bekehrten. Da bedarf es oft vieler Weisheit bei jungen Menschen, dass sie das Gebot achten »Du sollst Vater und Mutter ehren« – und doch begreifen, dass Jesus auch gesagt hat: »Wer Vater oder Mutter mehr liebt denn mich, der ist mein nicht wert« (Matth. 10,37).

Nun, in dieser Lage war Elisa nicht. Er war gewiss, dass seine Eltern ihm den Segen geben würden für seinen neuen Dienst. Und er wurde nicht enttäuscht. Wenn irgendeine Einrede der Eltern stattgefunden hätte, müsste sie zwischen Vers 20 und 21 stehen. Wir hören nichts davon. Offenbar hatten die Eltern von Gott Weisheit bekommen. Es war für sie bestimmt nicht leicht, den Sohn herzugeben. Sie hätten gewiss sagen können: »Wir können dich auf dem Hof nicht entbehren. Was soll denn aus uns werden? An uns denkst du natürlich gar nicht!« Aber – kein Wort davon. Sie lassen den Sohn ziehen. Und sie tun es getrosten Herzens, weil der Herr, den sie kennen, ihn durch Elia berufen hat.

Während Elisa Abschied nimmt, klingt ihm wohl das Wörtlein im Ohr, das Elia ihm nachrief: »*Bedenke, was ich dir getan habe.*« Elisa soll nicht vergessen, dass Elia den Prophetenmantel über ihn geworfen hat. Es ist etwas geschehen, was nicht mehr rückgängig gemacht werden kann.

Bedenke! Diese Mahnung geht auch uns an. Auch bei uns und für uns ist etwas geschehen, was nicht mehr rückgängig gemacht werden kann. Der Sohn Gottes ist am Kreuz für uns Sünder gestorben. Und damit hat Er uns berufen mit einem so starken, heiligen Ruf, dass – so oder so – unser Leben davon bestimmt ist. Wir können Jesu Kreuz aus unserem Leben wegwischen; aber dann haben wir uns vom ewigen Heil und vom Frieden selber ausgeschlossen. Oder wir glauben und bekehren uns zum Herrn; darin geht es nicht anders, als dass wir Ihm »dienen«, wie Elisa dem Elia diente.

Das bedenke! Es ist etwas geschehen, was ewige Geltung für dich hat!

»... *nahm ein Joch Rinder und opferte es.*« Es geht doch nicht ab ohne Opfer, ohne blutige Opfer! Wir könnten jetzt von der Großzügigkeit des Saphat reden, der nicht nur den Sohn, sondern auch zwei wertvolle Zugochsen opfert. Aber wichtiger ist, dass er weiß: Vor Gott kann man nicht so ohne weiteres bestehen. Es muss ein Opfer her, durch welches Versöhnung der Sünder mit Gott geschieht. Und all diese Opfer im Alten Testament sind ein Hinweis und Wegzeiger auf das Kreuz von Golgatha: »Siehe, das ist Gottes Lamm, welches der Welt Sünde trägt« (Joh. 1,29).

Im Schatten des Großen

1.Könige 19,21 b: Und Elisa machte sich auf und folgte Elia nach und diente ihm.

Nun hören wir lange Zeit nichts mehr von Elisa. Der steht jetzt ganz im Schatten des Größeren. Ob das immer so leicht für ihn war? Die Natur sträubt sich gegen solche Wege. Doch wir dürfen annehmen, dass Elisa gegen solche ungeistlichen Versuchungen gefeit war. Sein Herz ist ruhig; denn er erlebt, wie der Herr den Elia noch immer legitimiert und als Seinen großen Zeugen durch Wunder und Vollmacht ausweist. Da beugt sich Elisa gern und nimmt die geringen Dienste auf sich. *»Er diente ihm.«* 2.Könige 3,11 heißt es:

»Elisa, der dem Elia Wasser auf die Hände goss.«

Da wird offenbar, dass man allgemein den Elisa kannte als einen Mann, der dem Elia diente mit wirklichen Handreichungen. Welch ein demütiges Herz muss dieser junge Mann gehabt haben! Solch eine Demut ist auch eine der schönen Früchte des Heiligen Geistes. Von Natur sind wir hochmütig. Eine Mutter erzählte kürzlich ganz stolz: »Mein Sohn hat jetzt schon fünf Leute unter sich.« Wie glücklich sind wir, wenn wir Menschen »unter« uns haben. Dann sind wir ja groß!

Und wie sind wir doch von Natur aus Angeber! Sogar vor Gott geben wir an und rühmen uns unserer Werke, die doch nur dann etwas taugen, wenn Er sie in uns und durch uns gewirkt hat. Und wie hochmütig sind wir erst vor Menschen! Der Starke rühmt sich seiner Stärke, und die alte Großmutter rühmt sich ihrer Schwäche und ihrer vielen Krankheiten. Unter Jesu Kreuz, im Anblick des Heilandes, der ganz niedrig wurde, soll dieser natürliche Hochmut zerbrochen werden. Und dafür will der Geist Gottes Demut einpflanzen. In der Bibel heißt es: »Gott widersteht den Hoffärtigen, aber den Demütigen gibt er Gnade« (1.Petr. 5,5). Als der »verlorene Sohn« (Luk. 15) gedemütigt war und sagen konnte: »Ich habe gesündigt«, da fand er Gnade. Und der Zöllner im Tempel fand Gnade bei Gott, als er bekannte: »Gott, sei mir Sünder gnädig.«

Demütige Leute sind auch den Menschen angenehm, ebenso wie hochmütige Leute unangenehm sind. Demütige sind Menschen, an denen Gott schon ein Gnadenwerk getan hat.

Diese Zeit, da der Elisa im Schatten des großen Propheten Elia lebte und ihm diente, war eine Lehrzeit für ihn. Wir hörten schon: In den folgenden Geschichten ist immer nur von Elia die Rede. Das heißt, dass Elisa wohl »dabei« war, aber noch nicht mitgewirkt hat.

Wenn wir die Geschichte des Elisa betrachten wollen, müssen wir uns einen kurzen Überblick verschaffen über die Ereignisse, die er miterlebt hat.

Die Ereignisse

Elisa erlebte, wie es dem »Gottlosen so wohl ging«. Der abgöttische König von Israel, Ahab, erkämpfte einen glänzenden Sieg über die Syrer. Nach diesem Erfolg waren die Eindrücke vom Karmel (1.Kön. 18) total weggewischt. Nun geriet der König völlig unter den tyrannischen Einfluss seiner Frau, der Isebel, einer fanatischen Götzendienerin. Sie veranlasste ihn, seine Machtfülle auszunutzen in schrankenlosem Übermut. Er plünderte und mordete

hemmungslos einen seiner besten Untertanen, den Naboth.
Steht nun Israel auf gegen solche Tyrannei? Nein. Aber Elisa erlebt, wie sein Lehrer und Meister Elia es wagt, dem hemmungslosen König Ahab entgegenzutreten. Und tatsächlich erschrickt der König. Eine flüchtige Regung zur Buße, die aber schnell wieder verfliegt (1.Kön. 21).
Drei Jahre vergehen. Elisa erlebt nun, wie sein Meister warten kann, warten in der Stille auf das Eingreifen Gottes. Wie oft hat Elia so warten müssen, bis Gott sich meldete! Der Meister macht dem Elisa klar, dass es für Gottes Knechte Zeiten gibt, wo sie nach dem Jesaja-Wort handeln müssen (Jes. 26,20f):

»Gehe hin, mein Volk, in deine Kammer und schließ die Tür nach dir zu; verbirg dich einen kleinen Augenblick, bis der Zorn vorübergehe. Denn siehe, der Herr wird ausgehen von seinem Ort, heimzusuchen die Bosheit der Einwohner des Landes.«

In dieser Zeit haben die beiden wohl manchmal mit dem Psalmsänger gesprochen (Psalm 73):

»Denn es verdross mich der Ruhmredigen, da ich sah, dass es den Gottlosen so wohl ging.«

Die Verächter des lebendigen Gottes triumphieren. Ahab und Isebel tun, was sie wollen. Falsche Propheten und Baalspriester geben der gottlosen Regierung untertänig die religiöse Weihe. Und die Propheten Gottes müssen schweigen. Seltsame Zeit! Es ist, als sei der lebendige Gott gestorben. Der eben erwähnte Psalmdichter sagt so:

»Ich dachte ihm nach, dass ich's begreifen möchte; aber es war mir zu schwer.«

Und dann geht es so weiter:

»Bis dass ich ging in das Heiligtum Gottes und merkte auf ihr Ende. Ja, du setzest sie aufs Schlüpfrige …«

Genau das erleben die beiden Propheten. Ahab kommt in einem neuen, übermütigen Kriegszug um, nachdem er alle Warnungen Gottes in den Wind geschlagen hat. Unter dem Nachfolger Ahabs, dem König Ahasja, zerfällt die Macht Israels. Ahasja kommt jämmerlich um, nachdem ihm Elia noch kurz vor seinem Ende eine fürchterliche Demonstration von Gottes Gericht über solche Menschen gezeigt hat, die übermütig sich an den Kindern Gottes vergreifen (2.Kön. 1).

Was Elisa sah und lernte

Elisa sah diese Ereignisse nicht wie die blinden Leute in Israel. Er sah sie im Lichte Gottes. Sein Lehrmeister Elia wird ihm sicher das geheime Handeln Gottes erklärt haben. Der Schüler lernte es, die Hand Gottes in den Ereignissen zu erkennen, und wurde dadurch stärker im Glauben. Als die Apostel am ersten Pfingstfest predigten, verkündeten sie nicht »religiöse Wahrheiten« oder »moralische Lehren«. Die Zuhörer bekannten (Apostelgeschichte 2,11):

»Wir hören sie die großen Taten Gottes reden.«

Die großen Taten Gottes, die wir durch die Unterweisung des Heiligen Geistes verstehen und erkennen dürfen, sind das Kreuz und die Auferstehung des Herrn Jesu, der sich als Sohn Gottes erwiesen hat, der gekommen ist, Sünder selig zu machen. An diesen großen Taten Gottes kommen wir zum Glauben.

Elisa lernte: Nicht der eigenwillige Weg der Mächtigen, die ihr Reich mit brutaler Macht sichern wollen, nicht der Weg der großen Menge, die dem Erfolg zujubelt und sich zu allem und jedem verführen lässt, sondern der Weg Gottes ist der richtige Weg, auf dem man Heil und Leben findet. Diese Erkenntnis gibt den Knechten Gottes eine große Freiheit, dass sie sich weder den Mächtigen noch der Menge beugen. Sie fürchten nur den lebendigen Gott und Sein Gericht. Und sie haben den Mut, auch ganz allein zu stehen, wenn es nötig ist. Und nicht nur allein, sondern sogar gegen die Mächtigen und die Masse. Das musste Elisa lernen, ehe er sein Amt antrat.

Die ersten eigenen Schritte

2.Könige 2,1-6: Da aber der Herr wollte Elia im Wetter gen Himmel holen, gingen Elia und Elisa von Gilgal. Und Elia sprach zu Elisa: Bleib doch hier; denn der Herr hat mich gen Beth-El gesandt. Elisa aber sprach: So wahr der Herr lebt und deine Seele, ich verlasse dich nicht. Und da sie hinab gen Beth-El kamen, gingen der Propheten Kinder, die zu Beth-El waren, heraus zu Elisa und sprachen zu ihm: Weißt du auch, dass der Herr wird deinen Herrn heute von deinen Häupten nehmen? Er aber sprach: Ich weiß es auch wohl; schweigt nur still. Und Elia sprach zu ihm: Elisa, bleib doch hier; denn der Herr hat mich gen Jericho gesandt. Er aber sprach: So wahr der Herr lebt und deine Seele, ich verlasse dich nicht. Und da sie gen Jericho kamen, traten der Propheten Kinder, die zu Jericho waren, zu Elisa und sprachen zu ihm: Weißt du auch, dass der Herr wird deinen Herrn heute von deinen Häupten nehmen? Er aber sprach: Ich weiß es auch wohl; schweigt nur still. Und Elia sprach zu ihm: Bleib doch hier; denn der Herr hat mich gesandt an den Jordan. Er aber sprach: So wahr der Herr lebt und deine Seele, ich verlasse dich nicht. Und gingen die beiden miteinander.

Drei Jahre lang hat der Bauernsohn Elisa den gewaltigen Propheten Elia begleitet, nachdem der ihn zu seinem Nachfolger auf Gottes Befehl hin berufen hatte. Drei Jahre lebte Elisa ganz im Schatten des Großen, diente ihm und lernte. Aber nun ist die Lehrzeit zu Ende. Er tut im Glauben die ersten selbständigen Schritte ohne, ja gegen seinen Meister. Es ist immer eine große Freude, wenn ein kleines Kind, nachdem es lange Zeit sich nur tragen ließ oder auf allen Vieren auf dem Boden herumkrabbelte, die ersten Schritte tut. Damit beginnt zwar nicht erst das Leben des Kindes.

Das hatte es seit seiner Geburt. Aber mit dem Geborenwerden ist es nicht getan. Nun müssen die ersten selbständigen Schritte kommen.
Genauso ist es im Glaubensleben. Das Leben aus Gott hatte der Elisa bekommen, als er sich bewusst dem Herrn auslieferte und sich zum Glaubensleben entschloss. Und er hatte kräftige Zeichen geistlichen Lebens aufgewiesen, als der Elia ihn zum Propheten berief: sein schnelles Bereitsein und das Opfer, mit dem er Abschied von zu Hause nahm. Aber nun muss er selbständig im Glauben gehen. In unserem Text sehen wir ihn die ersten eigenen Schritte tun.

Elisa hat eine eigene Offenbarung

Die Stunde naht, in der der Herr den Elia heimholen will. Offenbar hat der Herr ihm das kundgetan. Und darum machte Elia diesen merkwürdigen Gang durchs Land von Gilgal nach Nordwesten bis Bethel, von Bethel nach Südosten zurück bis Jericho. Und von Jericho wieder zum Jordan südlich von Gilgal. Er machte diese Wanderung doch wohl, um von den Gruppen der »Stillen im Lande«, die sich um die Prophetenschulen sammelten, Abschied zu nehmen. Dabei erfuhren nun diese »Prophetenkinder«, dass die Stunde des Heimgangs für Elia gekommen war. Aufgeregt eilen sie damit zu dem Mann, den das am meisten angeht, zu Elisa. »*Weißt du auch …?*«

Elisa antwortet gelassen: »*Ich weiß es wohl!*« Der Herr hat also offenbar nicht nur mit Elia geredet, sondern auch mit ihm, dem Schüler. Er hat jetzt seine eigene Erfahrung mit der Rede des Herrn. Von nun an wird er sprechen wie die großen Propheten: »So spricht der Herr …!«

Wir sind wohl keine Propheten, weder große noch kleine, obwohl manch einer sich stellt, als sei er einer. Aber auch wir müssen eines Tages anfangen mit eigenen geistlichen Erfahrungen, mit einem selbständigen Lesen im Wort Gottes, mit einem eigenen Gebetsleben, mit Erfahrung der Leitung durch den Heiligen Geist, mit Beugung unter die Wahrheit, wenn der Geist Gottes uns von der Sünde und Verderbtheit unseres Herzens überführt, mit selbständigem Aufschauen auf den Mann am Kreuz, der unsere Gerechtigkeit ist, mit eigenem Zeugnis an die, welche den Weg des Heils nicht kennen oder nicht kennen wollen, mit Aufsuchen der Brüder.

Elisa leitet die Unmündigen

Aufgeregt kommen die Prophetenkinder zu ihm gelaufen: »Weißt du schon?!« Es gibt auch in der Gemeinde des Herrn Sensationen und Freude an den Neuigkeiten, auch wenn sie traurig sind wie in diesem Fall.

Es liegt etwas Majestätisches in dem Verhalten des Elisa, als er sagt: »Nun sprecht nicht darüber. Schweigt nur still.« Er sieht die Gefahr, dass diese aufgeregten jungen Leute die Sache in das abgöttische Israel hineintragen. Dann wird aus dem wundervollen, geheimnisvollen Heimgang des Elia eine Sensation für Menschen, die nichts davon verstehen und die dieser Abschied des Elia nichts angeht. Darum gebietet Elisa Schweigen.

So hat er bisher nicht geredet. *Schweigt nur still!* Es ist, als habe er schon etwas von der Vollmacht und dem Amt der geistlichen Leitung von Elia übernommen.

Elisa setzt sich gegen Elia durch

Bisher hieß es von Elisa nur: »Er diente dem Elia« oder: »Er goss Wasser über seine Hände.« Nun ist Elisa nicht mehr nur der gehorsame Diener, sondern der Mann, der auf Grund einer eigenen Offenbarung dem Elia ungehorsam ist. Dreimal sagt Elia zu ihm: »*Bleib doch hier.*« Er sagt es in Gilgal, er sagt's in Bethel, er sagt es in Jericho. Als sie an den Jordan zurückkommen, sagt Elia nicht mehr:

»Bleib doch hier.« Da hat er begriffen, dass Elisa nun eigene Schritte tut und im Gehorsam gegen den Herrn tun muss.

Und obwohl der Elisa scheinbar ungehorsam war, hat sich Elia gewiss an diesem »Ungehorsam« gefreut. Denn es war Gehorsam gegen den Befehl des Herrn. Und was sieht ein »Vater in Christo« lieber, als dass seine Schüler selbständig werden! Elia kann nun getrost gehen: Elisa hat seine Selbständigkeit als Prophet gewonnen.

Warum sagte denn der Elia überhaupt: »Bleib doch hier«? Vielleicht wollte er in der Stunde des Abschieds von der Erde allein sein. In Stunden tiefster Erschütterung können einem auch die liebsten Menschen zu viel sein. Aber ich glaube, wir müssen noch einen anderen Grund sehen. In den kommenden Versen gesteht Elia, dass er keine Offenbarung und keine Klarheit darüber hat, ob Elisa Zeuge seiner wunderbaren Heimholung werden darf. In Vers 10 sagt er: »Wenn du mich sehen wirst, wenn ich von dir genommen werde …« Elisa jedoch hat über diesen Punkt Klarheit vom Herrn bekommen. Darum trotzt er dem Elia und erklärt: »*So wahr der Herr lebt und deine Seele, ich verlasse dich nicht.*«

Zwei Männer miteinander

Zwei einsame Männer auf einem schweren Abschiedsweg! Und doch – es liegt ein eigenartiger Glanz über den beiden, als sie da miteinander zum Jordan wandern. Das »Bleib doch hier« und das »So wahr der Herr lebt, ich verlasse dich nicht« haben aufgehört. Sie sind nun beide nur noch auf das gerichtet, was ihnen bevorsteht.

Was eigentlich gibt dem Weg der beiden diesen Glanz? Es ist wohl dies: Sie gehen ihn beide ganz im Gehorsam gegen die Führung ihres Gottes.

Der Alte: Als der Herr es ihm befahl, hat er das Prophetenamt niedergelegt in die Hände des jungen Elisa. Da ist kein Aufbegehren: »Herr, man braucht mich doch noch.« Da ist kein Misstrauen: »Der junge Mann kann das doch noch nicht allein machen!« Er ist gewiss, dass er nun die Zügel aus der Hand geben darf – und muss.

Das ist etwas Wunderbares und – Seltenes! Wie können manchmal Kreise darunter leiden, dass ein Alter, der früher in großem Segen gewirkt hat, nicht abtreten kann. Er ist überzeugt, dass es ohne ihn nicht gehe. Er steht zwar mit dieser Meinung mutterseelenallein, weder Menschen noch Gott teilen diese Ansicht. Aber – was tut's! Er selber bleibt fest auf seiner Ansicht bestehen – und so verdirbt er das segensreiche Wirken vergangener Jahre.

Ihr lieben alten Brüder und Schwestern, prüft doch vor Gott, ob Er euch nicht herausführen will aus einem Dienst, an dem euer Herz hängt. (ja, man kann so etwas sogar in Familien finden, wo eine starke Mutter nicht abtreten und still werden kann, obwohl ein junges Geschlecht längst herangewachsen ist. Manch einer solchen Mutter hätte ich gern gesagt: »… bist du doch nicht Regente, die alles führen soll …«)

Der Junge: Er hat sich nicht in das Amt gedrängt. Er hat sich auch dem Ruf nicht entzogen. Er ist bereit – genau in der Stunde, als der Herr ihn will.

Und gingen die beiden miteinander …« Zwei Männer, die mit dem Psalmsänger sagen können: »Mein Herz ist bereit, Gott, mein Herz ist bereit …!« (Psalm 57,8).

Die letzten Stunden

2.Könige 2,8-9: Da nahm Elia seinen Mantel und wickelte ihn zusammen und schlug ins Wasser; das teilte sich auf beide Seiten, dass die beiden trocken hindurchgingen. Und da sie hinüberkamen, sprach

Elia zu Elisa: Bitte, was ich dir tun soll, ehe ich von dir genommen werde. Elisa sprach: Dass mir werde ein zwiefältig Teil von deinem Geiste.

»... das teilte sich auf beide Seiten.« Bei diesem Wunder hören wir von unserem Elisa kein Wort. Vielleicht hat er sich entsetzt, als er den Elia auf das Wasser des breiten Flusses losgehen sah. Vielleicht hat er sogar warnend gerufen: »Das Wasser ist tief, und du kannst doch nicht schwimmen!« Und welche Ausrufe der Verwunderung mögen aus seinem Munde gekommen sein, als das Unerhörte geschah und der Fluss abriss, dass die oberen Wasser sich stauten. Das war ja wirklich nichts Geringes.
Es ist schade, dass uns von solchen Reaktionen des Elisa nichts berichtet wird. Wir würden ihn dadurch noch viel besser kennen lernen. So müssen wir jetzt unsere Aufmerksamkeit auf das richten, was Elisa bei diesem Ereignis lernte und was wir mit ihm lernen dürfen.

Wir haben einen Gott, der Wunder tut

Wie oft habe ich gehört, dass solch ein Wunder gar nicht möglich sei, wie es geradezu lächerlich sei zu glauben, dass ein alter Prophetenmantel den Lauf eines Flusses aufhalten könne. Darauf antworte ich: Mein Gott kann Wunder tun. Und wer will Ihm vorschreiben, dass Er gerade dies Wunder nicht hätte tun dürfen? Als ich zum Glauben kam und mich zum Herrn bekehrte, war diese Bekehrung ein Schritt des Vertrauens zu dem geoffenbarten Gott. Und auch zu dem Wort, das von Ihm zeugt. Ich würde über die Möglichkeit solcher Wunder nie diskutieren oder streiten. Ich bin glücklich, dass solche Berichte meinen Glauben nicht ärgern, sondern stärken.

In den Versen vorher, in denen von der Wanderung der beiden Propheten berichtet wird, sagt Elia nie: »Ich will nach Jericho gehen« oder »Ich will nach Bethel gehen.« Er sagt jedes Mal: »Der Herr hat mich ... gesandt.« Er steht also bei dieser Wanderung unter der Leitung und dem Befehl seines himmlischen Herrn. Und wenn der Herr sendet, dann macht Er auch den Weg frei. Die Wasser des Jordan weichen zurück, das Wunder geschieht, weil Elia nach Gottes Befehl und Willen seinen Weg geht.

Als der Teufel bei der großen Versuchung (Lukas 4) dem Herrn Jesus nahelegt, Er solle aus Steinen Brot machen, hat der Sohn Gottes das abgelehnt, weil Er keinen Befehl des Vaters dazu hatte. Sein Hunger war kein Grund, dass

Wunder geschahen. Nur der Wille des Vaters wäre ein Grund gewesen.

Als Israel durchs Rote Meer zog (2.Mose 14), wichen dort die Fluten des Meeres zurück – nicht weil Israel gern auf dem Meeresgrund spazierengehen wollte – auch nicht weil Mose in einer Dickköpfigkeit sich nun gerade auf diesen Weg festgelegt hätte. Das Wunder geschah, weil der Herr das Volk auf diesem und keinem anderen Weg führen wollte.

Wunder geschehen also, wenn Kinder Gottes im Auftrag des Herrn handeln. Dann macht Er ihnen Weg und Bahn. Das meinte Zinzendorf, als er den Vers dichtete:

Hier hast du uns alle zu deinen Befehlen!
Je mehr du befiehlst, je mehr Siege wir zählen;
denn deine Befehle sind so viel wie Versprechen,
durch alle verhauenen Bahnen zu brechen.

Gottfried Daniel Krummacher, der Wuppertaler Erweckungsprediger aus dem 19. Jahrhundert, weist in einer seiner Predigten auf den Befehl Gottes an Mose hin: »Teile das Meer.« Dazu sagt er:

»Was für große Taten können doch arme Christen ausrichten, wenn der Herr sie dazu beruft. Solch Vertrauen sollten sie derhalben auch zu Gott haben, denn auf eigenes Vermögen kommt's gar nicht an. Wäre es bei Mose darauf angekommen, so wäre das Meer ungeteilt geblieben. Aber er brachte sein eigenes Können auch gar nicht in Rechnung ...

Wie verkehrt ist es daher, wenn wir gegen irgendein Gebot, möchte es noch so Großes fordern, das Mindeste einwenden, da es bloß darauf ankommt, wie wir es auffassen, ob im Sinne des Werk- oder des Gnadenbundes; wie verkehrt, wenn wir Ihm unsere Ohnmacht entgegenhalten oder gar in der Forderung eine Beeinträchtigung der Rechtfertigung wittern. Die Forderungen Gottes sind ebenso geeignet, unsern Geist zu erquicken, als die eigentlichen Verheißungen ... Also getrost Gebote her, und wenn es hieße: Ihr sollt vollkommen sein, gleichwie euer Vater im Himmel vollkommen ist; oder: Teile das Meer!«

So etwa mögen die Überlegungen des Elisa gewesen sein, als er mit seinem Lehrmeister Elia über den trockengelegten Grund des Jordan wanderte.

Ein großartiger Wünscher

»*Bitte, was ich dir tun soll.*« Nach diesem wunderbaren Durchgang durch das Flussbett war Großes möglich. Und Elisa hatte eine herrliche Chance, große Dinge zu erbitten. Es ist ja ein Wunschtraum der Menschen, einmal solch eine Chance zu erhalten, wo man schrankenlos wünschen kann. Diese Möglichkeit wird in unseren Märchen immer neu behandelt. Aber bei Licht besehen sind diese Märchenwünsche alle Narrenwünsche.

Der Elisa wünscht wundervoll: »*Dass mir werde ein zwiefältig Teil von deinem Geiste.*« Diese Stelle hat den Auslegern viel Kopfzerbrechen gemacht. Manche deuten sie so, als erwarte der Elisa, dass Elia nach seinem Heimgang zum Herrn in der ewigen Welt für ihn Geistesausrüstung erbitten solle. Und katholische Ausleger sehen in dieser Stelle geradezu einen Beweis für die wirksame Fürbitte der Heiligen im Himmel.

Wir wollen darauf achten, dass Elia sagt: »… was ich dir tun soll, ehe ich von dir genommen werde.« Hier kann keine Rede sein von der Fürbitte der Heiligen im Himmel. Wir haben nur einen einzigen Heiligen im Himmel: den Sohn Gottes, der uns »zur Rechten Gottes vertritt«. Aber was ist nun gemeint?

Wir wollen uns ein paar Punkte besonders merken:

1. Elisa wünscht nicht irdische Dinge: Gesundheit, Kraft, Reichtum, Ansehen – sondern Geistesausrüstung. Er gleicht damit dem jungen König Salomo, der sich ebenso Geistesausrüstung wünschte (1.Kön. 3,9.12). Was sind unsere geheimen Wünsche?

2. Er wünschte reichlich und großartig. Nicht »ein bisschen Geistesausrüstung«, sondern Geistesfülle! In 2.Kön. 13,18ff. wird berichtet, dass Elisa mit dem König Joas zürnte, weil der Gott gegenüber in einer ungeistlichen Bescheidenheit verharrte. Unser himmlischer Vater hat es gern, wenn wir im Geistlichen Großes erbitten und Ihm zutrauen, dass Er großartig schenken kann. Lasst unsere Wünsche doch auf Großes gehen: auf volle Heilsgewissheit, auf starkes Wirken des Geistes in unseren Herzen, auf wirkliche Geistesfrüchte wie Liebe, Glaube, Friede, Geduld und Keuschheit, auf eine gewisse Hoffnung des ewigen Lebens, auf Frucht, die bleibt.

Die Fahne des Königs bleibt nicht liegen

2.Könige 2,10-14: Er sprach: Du hast ein Hartes gebeten. Doch, so du mich sehen wirst, wenn ich von dir genommen werde, so wird's ja sein; wo nicht, so wird's nicht sein. Und da sie miteinander gingen und redeten, siehe, da kam ein feuriger Wagen mit feurigen Rossen, die schieden die beiden voneinander; und Elia fuhr also im Wetter gen Himmel. Elisa aber sah es und schrie: Mein Vater, mein Vater, Wagen Israels und seine Reiter! und sah ihn nicht mehr. Und er fasste seine Kleider und zeriss sie in zwei Stücke und hob auf den Mantel Elias, der ihm entfallen war, und kehrte um und trat an das Ufer des Jordans und nahm den Mantel Elias, der ihm entfallen war, und schlug ins Wasser und sprach: Wo ist nun der Herr, der Gott Elias? und schlug ins Wasser; da teilte sich's auf beide Seiten, und Elisa ging hindurch.

Eine fast gefährliche Bitte

Elisa hat seine Bitte ausgesprochen: Wie ein erstgeborener Sohn beim Erben besonders ausgezeichnet wird und das Doppelte bekommt von dem der anderen Söhne (5.Mose 21,17), so möchte er ein Geisteserbe als erstgeborener Sohn haben, eine Geistesfülle in besonderer Weise.

»*Du hast ein Hartes gebeten*«, antwortete Elia. Was soll das heißen: ein Hartes? Die meisten Ausleger übersetzen: etwas Schweres. Das Schwere liegt darin, dass Elia diese Bitte nicht erfüllen kann; den Heiligen Geist kann nur der Herr selber geben. Von daher ist nun wohl auch der weitere Satz des Elia zu verstehen: »*Doch so du mich sehen wirst, wenn ich von dir genommen werde, so wird's ja sein.*« Er will sagen: Du hast etwas gebeten, was dir zu geben nicht in meiner und eines Menschen, sondern nur in Gottes Macht steht. Wird dir allein von allen Prophetenjüngern gestattet, bis zu meiner Wegnahme bei mir zu bleiben und Zeuge meiner Verherrlichung zu sein, so darfst du daraus erkennen, dass du die prophetische Wirksamkeit, die ich jetzt verlasse, fortsetzen sollst. Und dann wird dir auch gewiss in reicher Fülle der prophetische Geist zuteil werden, dessen du bedarfst. Aber vielleicht will der Ausdruck »Du hast ein Hartes gebeten« noch etwas mehr sagen. Elisa möchte gern erfüllt werden mit dem Heiligen Geist. Man tut heute in der Christenheit vielfach so, als wenn das Erfülltsein mit dem Heiligen Geist eine einfache und nur selige Sache sei. Es ist aber eine schwere, eine »harte« Sache. Elia sagt gleichsam: Lieber Elisa, machst du dir auch genügend klar, wie schwer das ist, was du da erbittest?

Warum ist es eine »harte« Sache, den Heiligen Geist zu erbitten? Der Geist von Gott verträgt sich nicht mit unserer bösen, alten, natürlichen

Art. Unser natürliches Wesen ist durch und durch ungöttlich. Wenn also der Heilige Geist in uns Wohnung nimmt, dann kommt es zum Konflikt zwischen unserer natürlichen Art und dem göttlichen Geist. Wenn es gut und richtig ausgeht, dann wird unsere Natur zerbrochen. Der Heilige Geist geht auf Zerbrechen unserer natürlichen Art und auf eine völlige Umwandlung aus. Jesaja 43,4 heißt es:

>»Weil du so wert bist vor meinen Augen geachtet, musst du auch herrlich sein.«

Das gibt Kämpfe! Das gibt Auflehnung. Das gibt Zerbrechungen. Und darum sagt der erfahrene Elia dem Elisa: »Du hast ein Hartes gebeten.« Man muss wissen, was man tut, wenn man singt: »O Heilger Geist, kehr bei uns ein …»

Dass es sich um ein Hartes handelt, wenn der Heilige Geist ein Herz erfüllt, sei vor allem den schwärmerischen Naturen gesagt, die sich einbilden, der Heilige Geist bringe Entzückungen und Erhebungen. Diese schwärmerischen Entzückungen, die uns heute wieder in besonderer Weise als »Geistesfülle« angepriesen werden, stammen wohl von einem anderen Geist, der nichts von Zerbrechungen weiß.

Ein Stück Herrlichkeit

»Siehe, da kam ein feuriger Wagen mit feurigen Rossen … und fuhr Elia also im Wetter gen Himmel.« Dazu sagt Friedrich Mayer in »Führungen Gottes im Alten Bund«:

> »Die Himmelfahrt des Elia ist ein über alle Maßen herrlicher Akt: Ein Triumph über den Tod! Wie wird es erst sein, wenn derselbe einmal gänzlich aufgehoben sein wird. Man behaupte übrigens im Angesicht der Himmelfahrt des Elia nicht immer wieder: vor den Blicken des Alten Testaments liege das Jenseits verdeckt und ungewiss da. Elia wusste wohl, wo er hinkomme, und Elisa … wusste es auch. Sie nannten den Ort, wie wir, den ›Himmel‹…«

Aber auf weitere Erklärungen wollen wir angesichts dieses wundervollen Verses verzichten. Die Vernunft hat viel zu fragen und einzuwenden. Die erleuchteten Herzen aber freuen sich und beten an vor der Majestät und Herrlichkeit Gottes, die sich hier offenbart und die Seinen Knechten als »Kindern« und »Erben« zuteil wird. Hier ist die Bitte erfüllt: »Ewigkeit, in die Zeit leuchte hell herein!«

Elisa sorgt sich um Gottes Volk

»Wagen Israels und seine Reiter!« ruft Elisa erschrocken aus, als Elia vor seinen Augen weggerissen wird. Ihn beeindruckt nicht so sehr die Herrlichkeit dieses Abscheidens. Er sieht auch nicht darauf, dass sein Lehrer, Freund, geistlicher Vater und Meister von ihm genommen ist. Ihn erschreckt, was aus Israel werden soll, wenn diese Stimme der Wahrheit verstummt, wenn dieser Zeuge des lebendigen Gottes nicht mehr spricht. Den Königen Israels und auch dem Volk war dieser Elia oft sehr unbequem. Ja, sie haben ihm manches Mal nach dem Leben getrachtet. Und doch – Elias Abschied ist für Israel ein Verlust, als hätte es in einem Krieg eine schreckliche Niederlage erlitten und alle Kriegswagen und Reiter verloren.

Ist es so? Gewiss! Wenn es aber so steht, dann kann man nur sagen: Wie überschätzen die Völker ihre Kriegsausrüstungen! Und wie unterschätzen sie den Wert von treuen Betern und Zeugen der Wahrheit. Denken wir an den Untergang Sodoms! Nicht das stärkste Kriegsheer hätte Sodom retten können. Aber zehn Gerechte! »Wagen Israels und seine Reiter!« schrie man wohl in einer Schlacht verzweifelt, wenn alles verloren war. Dass Elisa diesen Ruf hinausschreit, zeigt, welch ein demütiges Herz er hat. Er hätte ja denken können: »Jetzt habe ich also den Abschied des Elia gesehen. Damit ist es sicher, dass ich eine ›zwiefältige‹ Geistesausrüstung bekommen werde. Dann ist doch alles nicht so schlimm. Dann kann man ja ohne den Elia auskommen. Denn nun bin ich da.« So denkt Elisa nicht. Er ist sicher, dass er in keiner Weise den großen Elia ersetzen kann. So demütig ist er. Und darum darf er in der Zukunft erfahren: »Den Demütigen gibt Gott Gnade« (1. Petr. 5, 5).

»*Er zeriss seine Kleider.*« Wie trauert der Mann um Israel, das nun seinen Warner und Zeugen verloren hat! Das zerreißt sein Herz; darum zerreißt er seine Kleider – in Israel ein Zeichen für äußerste Trauer. Luther sagt: »Israel ist die Kirche im Alten Bund.« Kennen wir auch diesen Schmerz um den Schaden der Kirche? Ein Freund in der Schweiz, der während des Kirchenkampfes im »Dritten Reich« in Deutschland gelebt und mitgekämpft hat, schrieb mir nach dem Krieg einmal: »Ich habe schlaflose Nächte, wenn ich an die Entwicklung der Kirche in Deutschland denke.« Hier spürte ich denselben Schmerz, den Elisa empfand.

Der Herr bestätigt Seinen Knecht

»*Er hob den Mantel Elias auf, der ihm entfallen war.*« Das war kein zufälliges ›Entfallen‹. Dieser Mantel, der zurückblieb, war dem Elisa ein Zeichen dafür, dass er nun in die Fußstapfen Elias treten durfte. Wir Menschen brauchen je und je zur Gewissheit unseres Gnadenstandes auch eine äußere Versicherung. Ist nicht das Abendmahl solch eine Versicherung? Der Prophetenmantel allein macht noch keinen Propheten. Und der Genuss des Mahls macht noch keinen wiedergeborenen Christen. Aber als äußere Versicherung war der Mantel dem Elisa wichtig. Er bekräftigt, was er glaubte. So ist das heilige Mahl den Kindern Gottes wichtig. Es versichert ihnen, was sie im Kreuz Jesu gefunden haben, als persönlichen Heilsbesitz. In Vers 12 hieß es: »*Elisa sah ihn nicht mehr.*« Es liegt Schmerz und Trauer in diesem Wort. Wir alle haben wohl unsere geistlichen Väter oder Mütter gehabt, die uns unter Jesu Kreuz führten und uns halfen, die ersten Glaubensschritte zu tun. Es ist erschreckend, wenn die von uns genommen werden. Da fühlt man sich unheimlich allein. Elisa erfährt, dass er nicht allein ist. Als er zum zweiten Mal an diesem Tag den Jordan durchschreitet, darf er an diesem wundersamen Weg erkennen, dass der Herr mit ihm ist. »Ich bin bei euch alle Tage …«

Geistlicher und blinder Eifer

2.Könige 2,15-18: Und da ihn sahen der Propheten Kinder, die gegenüber zu Jericho waren, sprachen sie: Der Geist Elias ruht auf Elisa; und gingen ihm entgegen und fielen vor ihm nieder zur Erde und sprachen zu ihm: Siehe, es sind unter deinen Knechten fünfzig Männer, starke Leute, die lass gehen und deinen Herrn suchen; vielleicht hat ihn der Geist des Herrn genommen und irgend auf einen Berg oder irgend in ein Tal geworfen. Er aber sprach: Lasst nicht gehen! Aber sie nötigten ihn, bis dass er nachgab und sprach: Lasst hingehen! Und sie sandten hin fünfzig Männer und suchten ihn drei Tage; aber sie fanden ihn nicht. Und kamen wieder zu ihm, da er noch zu Jericho war; und er sprach zu ihnen: Sagte ich euch nicht, ihr solltet nicht hingehen?

Die Propheten-Kinder

Nun müssen wir doch erklären, wer denn eigentlich diese immer wieder genannten Propheten-Kinder sind. Machen wir uns zunächst klar, dass es sich nicht um »Kinder« handelt.

Die Bibel nennt ja auch das Volk Israel die »Kinder Israel«, weil sie von Jakob, der auch Israel hieß, abstammten. Und dabei handelt es sich oft um starke Kriegsleute.

Als in der Zeit des Propheten Samuel Israel anfing, die Sünden der umliegenden Völker mitzumachen, entstand gegen diese Vermischung des rechten Gottesdienstes mit allerlei heidnischem Wesen eine starke Reaktion: junge Männer entschlossen sich, ganz entschieden auf die Seite Gottes zu treten. Sie schlossen sich zu Lebensgemeinschaften mit mehr oder weniger festen Ordnungen zusammen. Sie wollten die Stimme Gottes sein im abtrünnigen Volk Israel. Sie wollten rufen, warnen, predigen, mahnen.

Worin unterschieden sich nun diese Prophetenkinder von den großen Propheten wie Samuel, Nathan, Elia, Elisa, Jeremia und andern? Diese großen Propheten waren Menschen, die – oft gegen ihren Willen – von Gott berufen waren, Sein Wort zu sagen. Von Jeremia und Mose zum Beispiel wissen wir, wie sehr sie sich gegen diesen Ruf gewehrt haben (Jeremia 1,6ff; 2.Mose 3,10ff). Jesaja, Amos und andere berichten ausdrücklich ihre Berufung durch den Herrn. Anders war es bei diesen jungen Eiferern für Gottes Ehre. Sie meldeten sich selbst freiwillig zum Dienst, sie drängten sich herbei, um ein lebendiger Protest zu sein gegen den Abfall von Gott.

Der Alttestamentler Eduard König spricht von einer »flammenden Begeisterung in vielen jungen Seelen« für den Gott Israels. Und er nennt die Zusammenschlüsse dieser jungen Menschen geradezu »Propheten-Vereine«. Er sieht in ihrem Aufkommen in einer Zeit des Verfalls ein Zeichen für die geistliche Lebenskraft Israels.

Im Laufe der Zeit allerdings entarteten viele dieser Gruppen. Manche verfielen der Schwärmerei. Andere machten ein Geschäft aus der Sache. Gegen die eifert der Prophet Micha (3,5):

> »Sie predigen, es solle wohl gehen, wo man ihnen zu fressen gibt; wo man ihnen aber nichts ins Maul gibt, da predigen sie, es müsse ein Krieg kommen.«

Und noch andere gingen einfach zum Feind über. Wer die Geschichte von Josaphat gelesen hat, der erinnert sich, dass der abgöttische König Ahab einen Schwarm von 400 solcher Propheten aushielt, die ihm nach dem Munde redeten (1.Kön. 22).

Aber es blieben auch manche Gruppen dem

Herrn treu. Und die hielten sich zu den von Gott berufenen wahren Propheten. Sie sahen sich als die geistlichen Kinder der wahren, großen Propheten an und wurden darum »Propheten-Kinder« genannt.

In unserem Text haben wir es zu tun mit dem Kreis, der sich in der alten Stadt Jericho gesammelt hatte und der mit Elia besonders verbunden war.

Vom Geist der Unterscheidung

Als Elia von diesen treuen Männern Abschied genommen hatte, waren sie ihm von ferne bis zum Jordan gefolgt. Weiter zu gehen hatten sie keinen Mut. Da hatten sie nun gestanden, bis auf dem wunderbaren Weg durch das Jordanbett Elisa wieder auftauchte.

»Der Geist Elias ruht auf ihm.« Gemeint ist natürlich der Geist Gottes, der auf Elia geruht hatte. Diese Prophetenschüler hatten offenbar einen klaren Blick für geistliche Dinge. Sie lebten in einer Welt, die voll war mit Religion. Mancherlei »Geister« waren ihnen begegnet. Es war damals, wie es heute ist und wie es um das Jahr 1550 war, als Nikolaus Selnecker klagte: »Ach Gott, es geht gar übel zu. Auf dieser Erd ist keine Ruh, viel Sekten und groß Schwärmerei auf einen Haufen kommt herbei.«

Es ist betrüblich, wie wenig die Gläubigen oft den Geist der »Unterscheidung der Geister« haben und dass sie sich einfangen lassen von jeder neuen Geistesbewegung, anstatt schlicht beim Wort Gottes zu bleiben. Diese Männer am Jordan hatten die Gabe. Sie erkannten in Elisa einen Mann, der den guten Heiligen Geist hatte. Darum beugten sie sich vor ihm und nahmen ihn als ihren Lehrer auf.

»Der Geist Elias ruht auf ihm.« Man merkt es einem Menschen an, wenn er den Geist Gottes hat. Er ist dann nicht sündlos. Er wird gerade durch diesen Heiligen Geist immer mehr zur Erkenntnis des eigenen verlorenen Zustandes geführt. Aber man merkt es ihm an: er ist anders. Von den Kindern des Neuen Bundes sollte es heißen: »Der Geist Jesu Christi ruht auf ihnen.« Die Bibel sagt sehr deutlich (Römer 8,9):

> »Wer Christi Geist nicht hat, der ist nicht sein.«

Blinder Eifer schadet nur

In Vers 16 erleben wir etwas vom »blinden Eifer«. Alles, was die jungen Leute wollen, ist gut und rührend. Aber es kommt aus einem geistlichen Unverstand, der die großen Taten Gottes nicht fassen kann.

Als Elisa aus dem Jordanbett auftauchte, fiel den Prophetenschülern zuerst auf, dass der Geist Elias auf Elisa ruhte. Aber dann kam ihnen sofort zum Bewusstsein: Elia ist nicht mehr dabei. Wir haben die beiden doch zusammen zum anderen Jordanufer gehen sehen. Nun kommt Elisa allein. Wo ist Elia?

Gewiss, sie werden sich erinnert haben, dass Elia von ihnen Abschied nahm. Daraufhin hatten sie wohl ein Krankenlager und ein seliges Sterben ihres Meisters erwartet. Stattdessen kommt dieser Elisa, dem man doch glauben muss, weil er den Geist des Propheten hat, und berichtet von »feurigen Wagen und Rossen«. Nun geschieht genau das, was seit Jahrhunderten mit den Berichten der Bibel geschieht: Weil sie in unsere Vernunft nicht hineinpassen, versucht man, sie zu erklären. Wir haben hier ein Beispiel für Bibelkritik. »So wie Elisa berichtet«, sagen sie, »kann es wohl nicht gewesen sein. Aber wir wissen, dass Elia oft verschwunden ist. Zum Beispiel in den drei Jahren der Dürre. Also wird wohl jetzt wieder solch ein Fall vorliegen.«

Und weil sie freundliche und eifrige Menschen sind, wollen sie den Elia suchen. Welche Torheit! Denn wenn sie mit ihrer Deutung recht gehabt hätten, wenn der Herr den Elia verbergen wollte, dann konnte ihn kein Prophetenschüler ausfindig machen.

Blinder, falscher, ungeistlicher Eifer! Solchen unverständigen Eifer wirft der Apostel Paulus den eifrigen Israeliten vor (Römer 10,2):

»Sie eifern um Gott, aber mit Unverstand.«

Es lohnt sich, dass wir unsern Eifer prüfen, ob er »sehend« ist; denn »blinder« Eifer ist schlimm.

Sie setzten ihm zu bis zur Scham«, heißt es wörtlich, – bis Elisa sich schämte, ihrem Eifer entgegenzustehen. Das Ende der Szene aber gab Elisa recht. Und die jungen Leute haben etwas gelernt. Jedenfalls gab es keine Verstimmung; denn Elisa blieb bei ihnen.

»Ich mache alles neu«

2.Könige 2,19-22: Und die Männer der Stadt sprachen zu Elisa: Siehe, es ist gut wohnen in dieser Stadt, wie mein Herr sieht; aber es ist böses Wasser und das Land unfruchtbar. Er sprach: Bringet mir her eine neue Schale und tut Salz darein! Und sie brachten's ihm. Da ging er hinaus zu der Was-

serquelle und warf das Salz hinein und sprach: So spricht der Herr: Ich habe dies Wasser gesund gemacht; es soll hinfort kein Tod noch Unfruchtbarkeit daher kommen. Also ward das Wasser gesund bis auf diesen Tag nach dem Wort Elisas, das er redete.

Der Prophet findet Vertrauen

»*Die Männer der Stadt sprachen zu Elisa ...*« Es waren wohl die Ältesten der Stadt Jericho. Elisa fand also schon bald Vertrauen in weiteren Kreisen, ebenso wie er auch schroffer Ablehnung bei den Abgöttischen begegnete (V. 23). Er wurde – so oder so – ernst genommen. Ein Amt, ein Titel, ein Prophetenmantel oder Priesterkragen, ein schwarzer Rock oder ein Talar besagen noch nichts, wenn der Träger nicht den Geist von Gott hat. Wo dieser Heilige Geist ist, da findet man Vertrauen oder Ablehnung – man wird ernst genommen.

»*Es ist gut wohnen in dieser Stadt, aber ...*« Da haben wir die gefallene Welt! Seit dem Sündenfall gibt es keine Vollkommenheit in dieser Welt, die »in Finsternis und Schatten des Todes« sitzt (Luk. 1,79). Reiche Leute bauen sich Villen auf den bezauberndsten Flecken der Erde und denken, jetzt hätten sie das Paradies. Aber fragt sie, ob sie es gefunden haben! Der Mensch denkt sich Ideologien aus, opfert ungezählte Menschen, um endlich »das Paradies auf Erden« zu schaffen. Das Ende ist meist Jammer und Enttäuschung. Es ist immer dieses »Aber« dabei. Wir können die Lehre der Bibel vom Sündenfall, der die ganze Schöpfung in den Fall mit hineinreißt, gar nicht ernst genug nehmen.

»... *aber das Wasser ist nicht gesund, und das Land bringt* (wegen des gefährlichen Wassers) *Fehlgeburten«* (so wörtlich). Die Ältesten bringen keine Bitte vor. Sie klagen dem Elisa nur ihr Leid. So sollten auch wir unserem Heiland gegenüberstehen. Wir wollen Ihm in unseren Gebeten oft vorschreiben, wie Er helfen soll. Wir dürfen Ihm unsere Not klagen; Er weiß schon, was Er dann tun will.

Vom Wunderglauben

In den Versen 20 bis 22 wird ein Wunder berichtet. Wie oft bin ich gefragt worden: »Glauben Sie wirklich, dass dies Wunder so geschehen ist?« Dann bin ich froh, dass ich ohne Zögern antworten kann: »Ja! Mein Gott kann Wunder tun.«

Dann habe ich den Frager immer darauf hingewiesen, dass sein Zweifel an der Geschichtlichkeit solchen Wunders ihn nicht um seine Seligkeit bringt. In der Bibel steht (1.Joh. 5,12):

»Wer den Sohn Gottes hat, der hat das Leben.«

Aber ich habe immer gefunden: Wem solche Wunder zweifelhaft sind, dem muss die leibliche Auferstehung Jesu erst recht zweifelhaft sein. Und was das bedeutet, kann man 1.Korinther 15 nachlesen: »Ist aber Christus nicht auferstanden, so ist unsere Predigt vergeblich, so ist auch euer Glaube vergeblich, ... so seid ihr noch in euren Sünden.«

Und umgekehrt: Wem der Auferstandene so begegnet ist, dass er an dem unerhörten Wunder der Auferstehung nicht mehr zweifelt, dem sind solche Elisa-Wunder keine Anfechtung mehr.

Achten wir doch darauf, dass Elisa ausdrücklich betont: »... *so spricht der Herr: ICH habe dies Wasser gesund gemacht.*« Die Gründe, die Gott bewegen, zur einen Zeit Seinen Knechten viele Wunderkräfte zu verleihen, zur anderen sie zurückzuhalten, fasst der Bibelausleger Fr. Roos so zusammen:

»Wunderkräfte hat Gott je und dann verliehen, wenn a) die wahre Lehre erst eingeführt werden soll, wenn b) kein geschriebenes Wort Gottes vorhanden ist, an dem man die Lehre des Predigers prüfen kann, so dass der Herr ihn gewissermaßen durch Wunder und Zeichen legitimiert, wenn c) die Leute um ihrer Unwissenheit willen nicht auf dies geschriebene Wort Gottes verwiesen werden können.«

Wir haben das Wort Gottes. Und je mehr die Weltzeit sich ihrem Ende entgegenneigt, desto vorsichtiger sollte man den Wundern gegenüber sein. Denn die Bibel sagt deutlich, dass der Antichrist und der falsche Prophet vor der Wiederkunft Jesu Christi große Wunder tun werden. Aber zurück zu Elisa! Ihn bestätigte der Herr in einem Volk, das verwirrt war durch den Götzendienst, der vom Königshof eingedrungen war. Wir haben es also als ein wirkliches Geschehnis anzusehen. Doch schon die alten Ausleger haben darauf hingewiesen, dass diese Geschichte von der Heilung der Quelle einen tieferen Sinn hat. »Wasser« und »Quellen« haben in der biblischen Bildersprache eine wichtige Bedeutung. Und ebenso das Salz. Es gibt auch in unserem Volk vergiftete, böse Quellen. Friedr. Wilh. Krummacher sagt dazu:

»Wo in einem Ort die geistlichen Brunnen vergiftet sind, von Kanzeln und Schulkathedern herab (wir fügen hinzu: durch

Weltanschauungslehren, Ideologien, Filme und anderes) die Leute statt mit dem Wasser, das ins ewige Leben quillt, mit dem Todestrank des modernen Lug- und Trug-Geschwätzes getränkt werden ..., da ist ein ärgerer Bann noch als der, der einst verheerend auf den Gefilden Jerichos gelastet. O es wolle der Herr Elisas schaffen, die auch dort das Salz der Heilung in die Brunnen tragen! Nicht das natürliche Salz, das Elisa in die Wasserquelle warf, reinigte sie und heilte sie, sondern das, wovon es ein Bild und Zeichen war, das Wort des Herrn, durch das Er Himmel und Erde geschaffen hat und fortwährend alles trägt und erhält, das auch der Menschen Herzen neu schafft und sie aus dem Tod zum Leben bringt, vor innerer Fäulnis bewahrt und von aller Unreinigkeit reinigt. Darum sagt der Herr: Habt allezeit Salz bei euch.«

Lebenswasser

»... eine neue Schale und tut Salz darein.« Die »neue Schale«, die noch nicht beschmutzt und befleckt ist, ist ein Bild der Bibel. In ihr ist das »Salz«, das Evangelium. Wo dies Evangelium hinkommt und wirksam wird, da werden die

Brunnen entgiftet und neu. Die Leute in Jericho waren wirklich in Not; denn die Frage nach dem Wasser ist im Orient dringlich.

Nun ist der Schrei der Menschen nach gutem Wasser vom Herrn Jesus gebraucht worden als Bild für den Durst der Seele nach dem lebendigen Gott und für die Not der Gewissen, die nach Reinigung und Vergebung der Sünden verlangen. So ist diese neue, gute Wasserquelle, an der die Leute in Jericho ihren Durst stillen durften, ein heimlicher Hinweis auf den, der gesagt hat (Joh. 7,37):

> »Wen da dürstet, der komme zu mir und trinke!«

Unser Heiland ist die Lebensquelle, die völlig frei ist von schädlichen und bösen Nebenwirkungen. »Hier kann das Herze sich laben und baden: Jesus ist kommen, die Quelle der Gnaden.«

Etwas aus Jerichos Gnadengeschichte

Diese seine erste große prophetische Tat hat Elisa in Jericho vollzogen. Es gibt kaum eine zweite Stadt, die eine so reiche Gottesgeschichte hat. »Es ist gut wohnen in dieser Stadt«, sagen die Ältesten. Das wussten schon die heidnischen Kanaaniter. Darum hatten sie hier eine starke Festung gebaut, die unter Josua eingenommen wurde, als der Herr die starken Mauern umstürzte. Hier wurde in dem allgemeinen Gericht die Dirne Rahab »durch den Glauben« errettet (Josua 6). – Und nun kam Elisa und zeigte den Menschen in Jericho den »Meister im Helfen«. Von da ab geht die Gnadengeschichte Jerichos weiter. Im Esra-Buch (2,34) werden 345 Menschen aus Jericho genannt, die mit dem frommen Schriftgelehrten Esra in das verwüstete Land Kanaan zurückkehrten aus der babylonischen Verbannung. Sie schlossen sich denen aus Jericho an, die schon vorher heimgekehrt waren und die als Erste und als eifrige Leute beim Wiederaufbau Jerusalems im Buch Nehemia genannt werden. Und der Herr war mit ihnen.

Und dann – »Jesus zog durch Jericho«. Hier heilte Er den blinden Bartimäus (Markus 10,46ff). Hier fand Er den Oberzöllner Zachäus, dessen Haus Heil widerfuhr (Luk. 19). Und ich meine, das sei das Schönste, was man von einer Stadt sagen kann: In ihr leben Menschen, denen durch Jesus Heil widerfuhr.

Gott lässt sich nicht spotten

2.Könige 2,23-25: Und er ging hinauf gen Beth-El. Und als er auf dem Wege hinanging, kamen kleine

Knaben zur Stadt heraus und spotteten sein und sprachen zu ihm: Kahlkopf, komm herauf! Kahlkopf, komm herauf! Und er wandte sich um; und da er sie sah, fluchte er ihnen im Namen des Herrn. Da kamen zwei Bären aus dem Walde und zerrissen der Kinder zweiundvierzig. Von da ging er auf den Berg Karmel und kehrte um von da gen Samaria.

Ein »anstößigesEreignis« – näher erklärt

Diese Geschichte ist vielen Menschen ein großer Anstoß. Ein Ausleger sagt:

> »Die vorliegende Darstellung hat über dem Zweck, die von Gott geschützte Unverletzlichkeit des prophetischen Ansehens hervorzuheben, die Unsittlichkeit der Verfluchung (namentlich mutwilliger Kinder) aus dem Auge verloren.«

Nun wollen wir uns vor allem klarmachen: Wir haben die Bibel nicht nach unseren Vorstellungen auszurichten. Wir haben vielmehr unsere Vorstellungen über Gott nach der Bibel auszurichten. Was ist in unserem Text gesagt? *»Er ging hinauf nach Beth-El.«* Elisa hat die Prophetenkinder in Jericho verlassen und macht sich auf, die Prophetenkinder in Beth-El zu besuchen. Sie waren ihm nicht fremd, denn er hat früher den Elia bei seinem Abschiedsbesuch in Beth-El begleitet.

Beth-El! Den Namen hat der Erzvater Jakob dem Ort gegeben, als dort noch kein Haus stand (1.Mose 28). Er heißt übersetzt »Haus Gottes«. Doch auch solch ein gesegnetes Beth-El kann im Laufe der Zeit dahin kommen, dass es seinen Namen zu Unrecht trägt. In dem Ort wurde der Verfall eingeleitet durch den König Jerobeam. Der richtete hier ein Heiligtum ein, in dem Gott unter dem Bild eines Stiers verehrt wurde. Das war Abgötterei. Der Prophet Hosea nennt Beth-El »Beth-Aven« = »Haus des Frevels«. Die Bewohner Beth-Els waren den Propheten Gottes feindlich gesinnt. Und das junge Volk zwitscherte, wie die Alten sungen.

»... *kamen kleine Knaben* ...« In der Sprache Luthers wird der Ausdruck »Knabe« oft gebraucht für junge Männer. David befahl, als es gegen seinen aufrührerischen Sohn ging: »Fahret mir säuberlich mit dem Knaben Absalom« (2.Sam. 18,5). Dieser »Knabe« Absalom befehligte ein Heer. Dieselben hebräischen Worte »kleine Knaben« übersetzt Luther in 1.Kön. 3,7 mit »So bin ich ein junger Knabe ...« Damals aber war Salomo schätzungsweise 20 Jahre alt. Im 24. Vers unseres Kapitels heißt es »... und zerrissen der Kinder 42«. Derselbe hebräische Ausdruck steht für die Ratgeber des Königs Rehabeam (1.Kön. 12,8). Kein Mensch wird auf den Gedanken kommen, er habe sich von Kindern beraten lassen. Wir werden in unserem Text also aus dem Hebräischen genauer übersetzen: »junge Leute«.

Es handelt sich demnach in unserer Geschichte um eine Rotte von jungen Männern, die wussten, was sie taten. Wir spüren hier den zuchtlosen Geist Beth-Els, das wirklich ein Beth-Aven war, ein Haus des Frevels, wenn die jungen Männer sich so zusammenrotten gegen den Zeugen des Herrn.

»*Kahlkopf, komm herauf!*« Über den Sinn dieser Verspottung gibt es viele Meinungen.

Man sagt: Die Geweihten des Herrn durften ihr Haar nicht scheren. Nun nannten die jungen Leute den Elisa mit dem langen Haar einen Kahlkopf, um seine Haartracht zu verspotten. Andere meinen, er habe wirklich eine Glatze gehabt. Das Geschorenwerden galt als Schande. (Sträflinge werden kahlgeschoren.) Und mit dem Ausdruck »Kahlkopf« wollten sie ihn als einen Ausgestoßenen bezeichnen.

Auch das »Komm herauf« ist unklar. Die einen meinen so: Der Weg nach Beth-El führte bergauf. »Und er ging hinauf nach Bethel.« Die jungen Burschen also wollten sagen:

»Komm nur her, wenn du es riskieren willst. Wir werden dir schon zeigen, wie wir mit Propheten umspringen, die uns und unsere Götter beleidigen.« Andere Ausleger – und denen möchte ich zustimmen – denken bei dem Ruf »Komm herauf!« an die Himmelfahrt des Elia. Die Nachricht von dieser Auffahrt hatte diesem zuchtlosen Volk keinen Eindruck gemacht. Die Botschaft war ihnen unsagbar lächerlich. Nun spotten sie: »Fahr doch auf! Wie dein Meister Elia! Ihr seid doch so komische Himmelsfahrer, ihr Propheten!« Wie der Spott auch zu verstehen ist – er war eindeutig eine Absage an den Gesandten des Herrn.

Gott bekennt sich zu Seinen Knechten

»Elisa fluchte ihnen im Namen des Herrn.« Der Fluch war kein Missbrauch des Namens Gottes, wie es bei rohem Fluchen aus Zorn der Fall ist. Der Prophet verkündet das Gericht Gottes. Die Strafe aber »stellte er dem anheim, der da recht richtet« (1.Petr. 2,23). Er übergab die rohen Spötter gewissermaßen Gott zum Gericht.

Darf denn ein Zeuge Gottes schweigen, wenn sein Herr beschimpft wird? Die Bibel droht den Wächtern, die »stumme Hunde« sind (Jes. 56,10). Dass Elisa recht gehandelt hat, wird daraus deutlich, dass der Herr sich durch das Gericht über die jungen Burschen zu Seinem Propheten bekennt. Wollen wir barmherziger sein als Gott? Es geht wirklich nicht an, dass man diese Geschichte einfach damit abtut: »Wir haben es hier mit dem Geist des Alten Testaments zu tun.« Unser Gott ist derselbe im Alten wie im Neuen Bund. Gerade im Neuen Testament lesen wir das Wort, das als Überschrift über dieser Geschichte steht: »Irret euch nicht, Gott lässt sich nicht spotten!« Man lese dazu Apostelgeschichte 5,1-11 und 1.Kor. 5,5. Die Geschichte ist wichtig für uns, die wir das Neue Testament kennen und über der Botschaft der Gnade so leicht die Heiligkeit Gottes vergessen. Und auch das ist in der Geschichte wichtig: Der Herr bekennt sich zu Seinen Knechten. Er rügt den Saulus, der die Knechte Gottes verfolgte:

»Was verfolgst du mich?« (Apostelgesch. 9,4).

Zu Vers 25 sagt Fr. W. Krummacher: »Ein Mensch, in welchem Christus Gestalt gewonnen hat, geht nicht ungezupft durch Bethel.« Der Prophet bleibt nicht lange dort. Es vertrieb ihn wohl die Wut der Bevölkerung. So zog er zum Karmel. Wie mag er hier sich erinnert haben an die große Stunde Elias, als der durch sein Gebet Feuer vom Himmel holte! Es ist gut, immer die »großen Taten Gottes« vor Augen zu haben.

Hoher Besuch

2.Könige 3,11-18.20: Josaphat aber sprach: Ist kein Prophet des Herrn hier, dass wir den Herrn durch ihn ratfragen? Da antwortete einer: Hier ist Elisa. Josaphat sprach: Des Herrn Wort ist bei ihm. Also zogen zu ihm hinab der König Israels und Josaphat und der König Edoms. Elisa aber sprach zum König Israels: Was hast du mit mir zu schaffen? Gehe hin zu den Propheten deines Vaters und zu den Propheten deiner Mutter! Der König Israels sprach zu ihm: Nein! denn der Herr hat diese drei Könige geladen, dass er sie in der Moabiter Hände gebe. Elisa sprach: So wahr der Herr Zebaoth lebt, vor dem ich stehe, wenn ich nicht Josaphat, den König Judas, ansähe, ich wollte dich nicht ansehen noch achten. So bringet mir nun einen Spielmann! Und da der Spielmann auf den Saiten spielte, kam die Hand des Herrn auf ihn, und er sprach: So spricht der Herr: Macht hier und da Gräben an diesem Bach! Denn so spricht der Herr: Ihr werdet keinen Wind noch Regen sehen; dennoch soll der Bach voll Wasser werden, dass ihr und euer Gesinde und euer Vieh trinket. Dazu ist das ein Geringes vor dem Herrn; er wird auch die Moabiter in eure Hände geben. Des Morgens aber, zur Zeit, da man Speisopfer opfert, siehe, da kam ein Gewässer des Weges von Edom und füllte das Land mit Wasser.

Drei ohnmächtige Könige und ein mutiger Prophet

Es ist kein Segen in dem Tun der abgöttischen Könige Israels. Joram, der Sohn Ahabs, bekommt die Nachricht, dass der Moabiterkönig Mesa, der bis dahin Israel Tribut zahlte, abgefallen war. Nun soll die Sache mit Gewalt repariert werden. Joram sucht und findet Verbündete: den frommen König Josaphat von Juda und den König der Edomiter. Die Edomiter waren natürliche Nachkommen Abrahams, aber nicht geistliche, nicht Kinder der Verheißung. Sie sind allezeit das Urbild aller Namenchristen, die äußerlich zum Gottesvolk der Christen gehören, aber nicht wiedergeborene Kinder Gottes sind.

Welch ein Heer zog da los: der abgöttische Joram, der Halbchrist von Edom und das Gotteskind Josaphat! Nach siebentägigem Marsch hat das Heer kein Wasser mehr. Da besinnt sich Josaphat auf den Herrn, der allein helfen kann. Wie kam der Elisa (Vers 11) gerade hierher in diese verlassene Gegend? Man vermutet, er sei auf Anregen des Heiligen Geistes dem Heer gefolgt. Der Herr habe ihm schon vorher klargemacht, dass er hier eine Aufgabe fände. So kann es gewesen sein. Jedenfalls ist es eine große Gnade Gottes, wenn solch ein Gottesmann genau zu der Stunde da ist, wo man ihn braucht. Es gehört zu den Gerichten Gottes, dass Er der Welt Seine Knechte entzieht, wenn sie anfängt zu begreifen, dass diese das »Salz der Erde« sind. Der König Ahab hat zur Zeit großer Dürre und Hungersnot drei Jahre nach Elia suchen lassen, ohne dass man ihn fand.

»Also zogen zu ihm hinab ...« Sonst lassen die Könige einfache Leute zu sich kommen. Und die müssen das dann noch für eine große Ehre ansehen. Welche Ehre geschah also hier dem Elisa! Die drei Könige müssen wohl sehr in Not gewesen sein. Not macht stolze Herzen klein. Allerdings richtet sich das Menschenherz schnell wieder auf, wenn die Not vorbei ist. Das hat Mose beim König Pharao studieren können. Es ist gut, wenn die Nöte unseres Lebens uns dahin bringen, dass wir vor Gott klein und demütig werden – und bleiben. Dass es dazu kommt, bringt wohl nur eine einzige Not fertig: die Sündennot des Gewissens.

»Was hast du mit mir zu schaffen? Gehe hin zu den Propheten deines Vaters!« Elisa redet eine kühne Sprache vor dem abgöttischen König Israels. Er stand vor dem lebendigen Gott. Der König Joram aber stand vor seinem Stiergott, den Menschenhände gemacht hatten. Und der konnte nun nicht helfen. So ist das mit allen selbstgemachten Religionen und Weltanschauungen. Sie sind nur gut bei gutem Wetter. Wenn aber die Stürme brausen, dann zeigen sie sich in ihrer Nichtigkeit.

Ganz anders behandelt Elisa den König Josaphat (V. 14). Obwohl die Bibel deutlich macht, dass der auf einem falschen Weg war, als er an einem gemeinsamen Joch mit den Ungläubigen zog, redet Elisa freundlich mit ihm. Dass der Herr dem Josaphat die Verkehrtheit seines Weges zeigen musste, steht auf einem anderen Blatt, wurde aber hier vor den beiden Königen nicht verhandelt.

Den Demütigen gibt Gott Gnade

Und damit sehen wir etwas Wundervolles: Dem abgöttischen König Joram wird seine Sünde vorgehalten. Dem Kind Gottes, dem Josaphat, wird die Liebe Gottes neu versichert. Und der König von Edom wird gar nicht beachtet. Er steht zwischen dem Gotteskind und dem Abgöttischen. Wenn ihm der Herr etwas zu sagen hätte, würde das lauten: »Ach, dass du kalt oder warm wärest! Weil du aber lau bist und weder kalt noch warm, werde ich dich ausspeien aus meinem Munde« (Offbg. 3,15f).

So bringet mir nun einen Spielmann! Es gibt eine originelle Auslegung alttestamentlicher Geschichten von Friedrich Mayer: »Führungen Gottes im Alten Bunde.« Mayer macht keinen Hehl daraus, dass ihm die Geschichte mit dem Spielmann nicht ganz gefällt. Er sagt:

> »Elisa erbat sich nun einen Spielmann, um durch die heilige Musik in die innere Sammlung vor Gott zu gelangen, ein Mittel, das Elia anscheinend nicht notwendig gehabt hatte. Der Herr offenbarte sich aber …«

Nun, ich meine, das ist ein wenig streng geurteilt. Die Bibel spricht doch oft von Harfen und Saitenspiel. Ich halte es mit Luther, der bekannte:

> »Die Musika hat mich oft erweckt und bewegt, dass ich Lust zu predigen gewonnen habe.«

»*Macht hier und da Gräben.*« A. M. Hodgkin sagt zu dieser Stelle:

»Jenes Wunder, da Wasser herbeigeschafft wurde für die verschmachtenden Scharen Israels, birgt Lehren für uns über das Kommen des Heiligen Geistes. Gottes Wasser fließen nur durch Niederungen, wie Wasser stets das tiefste Niveau sucht. Nun waren die Könige schon im Tal der Demütigung. Aber es mussten noch Gräben gegraben, das heißt, das Werk der Demütigung musste weitergeführt werden. Wollen wir uns als Kanäle des Segens für andere brauchen lassen, dann müssen wir dem Herrn gestatten, die Gräben in unseren Herzen immer tiefer zu graben.«

»*... da man Speisopfer opferte, siehe, da kam ein Gewässer.*« Hier dürfen wir einen heimlichen Hinweis sehen auf das große Opfer von Golgatha. Wie hier das Opfer und die Wasser in einem seltsamen Zusammenhang zu stehen scheinen, so steht das Opfer unseres Heilandes im Zusammenhang mit dem Strömen des Heiligen Geistes. Die Lebenswasser fangen an zu fließen, wo man das Opfer beachtet.

Jammer und Herzeleid

2.Könige 4,1: Und es schrie ein Weib unter den Weibern der Kinder der Propheten zu Elisa und sprach: Dein Knecht, mein Mann, ist gestorben – so weißt du, dass er, dein Knecht, den Herrn fürchtete –; nun kommt der Schuldherr und will meine beiden Kinder nehmen zu leibeigenen Knechten.

Gott will Barmherzigkeit

Nachdem der Prophet Elisa eine kurze Zeit in die Händel der Könige verwickelt war und auch bei dieser Gelegenheit sich als ein vollmächtiger Zeuge des lebendigen Gottes erwiesen hatte, finden wir ihn nun wieder im Kreis der Prophetenkinder.

»So weißt du, dass mein Mann den Herrn fürchtete.« Die Frau schreit in großer Armut und Not ihr Elend zu dem Propheten hin. Nun dürfen wir aus ihren Worten nicht eine Anklage gegen Gott herauslesen. »Wie kann Gott so etwas zulassen?!« – so spricht der gottlose Mensch unserer Tage, der sich zwar beständig weigert, vor Gott auch nur die geringste Schuld zu bekennen, der jedoch immer bereit ist, Gott anzuklagen. So hat es die Frau sicher nicht gemeint. Sie hat diese Not aus der Hand des Herrn angenommen. Darum aber weiß sie auch keine

Hilfe, als dass der Herr ihr hilft. Und aus diesem Grunde wendet sie sich an den Propheten Gottes.

»Dein Knecht, mein Mann, ist gestorben.« Die Not der Witwe wirft ein Licht auf die Lage in diesem abgöttischen Israel. Im 5. Buch Mose sagt der Herr Seinem Volk: »Es sollte allerdinge kein Armer unter euch sein.« Die Klage der Frau beweist, dass Israel ohne Segen von oben und ohne Barmherzigkeit gegeneinander war, seitdem es den Herrn verlassen hatte. Der sagte durch den Mund des Propheten Jeremia (2,19):

> »Du musst innewerden und erfahren, was es für Jammer und Herzeleid bringt, den Herrn, deinen Gott, verlassen und ihn nicht fürchten.«

Aber ein noch schlimmeres Zeichen für die Zerrüttung in Israel ist die Tatsache, dass eine Witwe so hilflos und verlassen ist. Denn gerade für die Witwen und Waisen hatte der Herr im Gesetz besondere Fürsorge geboten. So lesen wir:

> »Alle drei Jahre sollst du aussondern alle Zehnten deines Ertrages desselben Jah-

res ... So soll ... der Waise und die Witwe essen und sich sättigen, auf dass dich der Herr, dein Gott, segne« (5.Mose 14,28f).

Dazu lesen wir 5.Mose 24,17; 5.Mose 27,19; Jes. 10,2. Das sind nur einige wenige von unendlich vielen Stellen im Gesetz Gottes.
Nun kommt der Schuldherr und will meine beiden Kinder nehmen zu leibeigenen Knechten.« Nun, es gab in Israel eine Möglichkeit, dass ein Gläubiger seinen Schuldner als Knecht in sein Haus nehmen konnte. Aber auch für diesen Fall hatte der Herr befohlen:

»Wenn dein Bruder verarmt neben dir und verkauft sich dir, so sollst du ihn nicht lassen dienen als einen Leibeigenen, sondern wie ein Tagelöhner und Gast soll er bei dir sein und bis an das Halljahr bei dir dienen« (3.Mose 25,39).

Dieses Gesetz wurde jetzt ebenso beiseite geschoben wie das andere:

»Ihr sollt keine Witwen und Waisen bedrängen. Wirst du sie bedrängen, so werden sie zu mir schreien, und ich werde ihr Schreien erhören« (2.Mose 22,21f).

Es muss in diesem Zusammenhang noch darauf hingewiesen werden, wie arm die kleine Gemeinde der Prophetenkinder offenbar war; denn niemand, so gern er gewollt hätte, konnte helfen. Die Gemeinde des Herrn nimmt teil an den Gerichten, die über die Welt gehen. Darum halte ich die Lehre für falsch, die behauptet, die Gemeinde des Herrn werde vor der großen Trübsal am Ende der Zeit bewahrt bleiben. Sie muss auch teilhaben an den Folgen des Sündenfalls der Welt. Aber für sie bedeuten die »Leiden der Zeit« etwas anderes als für die ungläubige Welt.

Es ist also ein sehr trauriges Bild, das sich uns hier auftut. Zuerst verlässt man den lebendigen Gott. Dann bleibt der Segen in Gottes Volk aus. Und schließlich verhärten sich die Herzen.

Ein Ehepaar unter Gott

Ein trauriger Einblick in das Volksleben. Und wie dunkel erst wird es ausgesehen haben in dem Herzen der armen Frau! Ich denke, dass sie oft wie der Sänger des 73. Psalms gesprochen hat: »Mein Tritt wäre beinahe geglitten. Soll es denn umsonst sein, dass mein Herz unsträflich lebt?« Und immer wieder musste sie sich wohl, wie Asaph, durchringen zu dem

Satz: »Dennoch bleibe ich stets an dir. Du leitest mich nach deinem Rat.«

»So weißt du, dass mein Mann den Herrn fürchtete.« Das ist ein schöner Nachruf! Er wagte es in einer abgöttischen Zeit, gegen den Strom zu schwimmen. Er nahm den lebendigen Gott ganz ernst. Und sein Leben war von der Furcht Gottes so erfüllt, dass die Familie davon Zeugnis geben konnte. Wie oft ist es doch in »christlichen« Familien so, dass die Kinder vom Christentum nichts wissen wollen, weil sie an ihrem »christlichen« Vater wohl viel äußeren Schein gesehen, aber von der Kraft eines Lebens aus Gott nichts gemerkt haben. Hier war es anders! Welchen Nachruf werden uns einmal die geben, die uns gut gekannt haben?

»... *schrie ein Weib: meine beiden Kinder ...!*« Wenn wir diese Worte hören, spüren wir etwas von der ganz großen Liebe der Mutter. Der Herr hat, als Er von Seiner Liebe zeugen wollte, zuerst von der Mutterliebe gesprochen und dann gesagt: »Kann auch ein Weib ihres Kindleins vergessen, dass sie sich nicht erbarme über den Sohn ihres Leibes? Und ob sie desselben vergäße, so will ich doch dein nicht vergessen« (Jes. 49,15). Wenn schon eine Mutter mit solchem Eifer um die Rettung ihrer Kinder kämpft wie diese Frau hier, wie viel mehr wird unser Herr um Sein erkauftes Volk kämpfen, dass es nicht dem Feind zur Beute wird! Der Teufel will die Kinder Gottes auch immer wieder zu seinen »Leibeigenen« machen. Aber der Herr Jesus hat Seine Leute aus dieser Knechtschaft erkauft durch Sein Blut. Wie könnte Er zulassen, dass sie von neuem Knechte werden! Darum sagt Er: »Niemand wird sie mir aus meiner Hand reißen« (Joh. 10,28).

»… dein Knecht, mein Mann …« Seht, wie demütig und höflich diese Frau hier mit dem Propheten spricht. Sie weiß, was dieser Mann vor Gott bedeutet. Und sie weiß, wie viel er der Gemeinde bedeutet. Es ist noch nicht lange her, dass Elisa den Spott der jungen Burschen in Beth-El hören musste. Es geht bei den Knechten Gottes – wie Paulus sagt – »durch Ehre und Schande« (2.Kor. 6,8).

Gott erbarmt sich einer Elenden

2.Könige 4,2-7: Elisa sprach zu ihr: Was soll ich dir tun? Sage mir, was hast du im Hause! Sie sprach: Deine Magd hat nichts im Hause denn einen Ölkrug. Er sprach: Gehe hin und bitte draußen von allen deinen Nachbarinnen leere Gefäße, und derselben nicht wenig, und gehe hinein und schließe die Tür zu hinter dir und deinen Söhnen und gieße in alle Gefäße; und wenn du sie gefüllt hast, so gib sie hin. Sie ging hin und schloss die Tür zu hinter sich und ihren Söhnen; die brachten ihr die Gefäße zu, so goss sie ein. Und da die Gefäße voll waren, sprach sie zu ihrem Sohn: Lange mir noch ein Gefäß her! Er sprach zu ihr: Es ist kein Gefäß mehr hier. Da stand das Öl. Und sie ging hin und sagte es dem Mann Gottes an. Er sprach: Gehe hin, verkaufe das Öl und bezahle deinen Schuldherrn; du aber und deine Söhne nähret euch von dem Übrigen.

Zwei Fragen

»*Was soll ich dir tun?*« Nach dem bürgerlichen Gesetz jener Zeit konnte ein Gläubiger seine Schuldner, die nicht bezahlen wollten oder konnten, als Sklaven an Zahlungs Statt nehmen. Er war nach dem irdischen Gesetz völlig im Recht. Vor Gott aber machte er sich schuldig durch seine Unbarmherzigkeit. Das ist eine Sache, die der selbstgerechte Mensch von heute viel zu wenig beachtet: dass man vor Menschen durchaus im Recht sein kann, vor Gott aber schuldig wird und sündigt.

Dieser harte Mann, der im Hintergrund unserer Geschichte im Dunkel steht und Schrecken verbreitet, macht sich einer besonders schlimmen Sünde schuldig: der Unbarmherzigkeit. Von Natur ist unser Herz hart. Wie typisch sind Worte wie diese: »Jeder ist sich selbst der Nächste.« Der Heilige Geist Gottes will unsere Herzen erweichen gegen unsern Nächsten. Darum heißt es im Brief an die Gemeinde in Galatien (Gal. 5):

»Die Frucht des Geistes ist Liebe.«

Und der Apostel Jakobus schreibt den schrecklichen Satz:

»Es wird aber ein unbarmherziges Gericht über den ergehen, der nicht Barmherzigkeit getan hat.«

»Was soll ich dir tun?« fragt Elisa. Diese Worte zeigen, wie sehr dem Elisa über der Not der Frau das Herz entbrennt. Und wenn es dabei bleiben müsste, dass er in keiner Weise helfen könnte – welch eine Hilfe ist es schon für diese Frau, dass jemand ihre Not auf sein Herz nimmt und sie zu der seinen macht!
Wir wollen wieder einmal darauf hinweisen, dass die großen Männer der Bibel »Abschattungen« des Herrn Jesu sind. Bei Ihm dürfen wir finden, dass Er immer bereit ist, uns anzuhören. »Schüttet euer Herz vor ihm aus«, heißt

es im 62. Psalm. »Der beste Freund ist in dem Himmel«, heißt es in einem Lied.

»*Sage mir, was hast du im Hause?*« Zwischen diesem Sätzchen und der ersten Frage liegt der Auftrag Gottes für den Propheten. In dieser kleinen Pause hat Elisa die Not vor dem Herrn ausgebreitet und eine Antwort erhalten. Man muss diese Tatsache festhalten. Sonst kommt man leicht dazu, den Propheten für einen Wundermann zu halten. Auch für diese großen Männer Gottes galt Jesu Wort: »Ohne mich könnt ihr nichts tun« (Joh. 15,5). Nicht der Prophet, sondern Gott ist der Helfer.

Wir haben in der Bibel Berichte von Hilfen und Wundern, bei denen der Herr gleichsam aus dem Nichts etwas gibt. Ich denke an das »Brot vom Himmel«, das Manna, das der Herr dem Volk Israel bescherte, solange es durch die Wüste wanderte (2.Mose 16). Aber bei den meisten Wundern ist es so, dass der Herr an Vorhandenes anknüpft, es verwandelt oder vermehrt. Bei der Speisung der Tausende segnete Er die paar Fischlein und Brote – und siehe, es reichte für die große Menge. Bei dem Zeichen von Kana knüpfte Er an die vorhandenen Krüge an und verwandelte das Wasser in köstlichen Wein (Mark. 6,35 ff; Joh. 2).

In der Hungerzeit im letzten Krieg kam ich

in ein Haus, in dem eine stattliche Schar heranwachsender Buben um den Tisch saß. Ich fragte die Hausfrau, wie sie denn bei dieser geringen Lebensmittelzuteilung ihre Kinder satt bekommen könne. Die Antwort erhielt ich durch das Hiller-Lied, das man zu Beginn der Mahlzeit anstimmte und schallend sang:

Wenn wir von Tag zu Tagen was da ist, überschlagen,
und rechnen dann die Menge, so sind wir im Gedränge.
Doch wenn wir voll Vertrauen auf seine Hände schauen,
so nährt uns allerwegen doch ein geheimer Segen.
Wie dieses mag geschehen, das kann man nicht verstehen,
allein man sieht am Ende: es ging durch Jesu Hände.

So haben Kinder Gottes in Notzeiten oft erfahren, wie der Herr bei Seinen Wundertaten an das Vorhandene anknüpfte, es segnete und mehrte. Offenbar will der Herr der armen Witwe in unserer Geschichte auf die gleiche Weise helfen. Darum fragt Elisa: »Was hast du im Hause?« Allerdings – diese Frage hatte einen geheimen Beiklang. In vielen Häusern Israels (also der Kirche des Alten Bundes) hätte man bei dieser Frage eine gewisse Verlegenheit auf dem Gesicht des Gefragten gesehen. Denn im Hause hatte man kleine Götzen, wie sie die Heiden hatten. Immer wieder haben die Propheten davon gesprochen, wie nicht nur in den Tempeln, sondern auch in den Häusern der Götzendienst zu finden sei, berichtet die Bibel doch sogar davon, dass in dem Zelt des Gottesmannes Jakob ein Götzenbild versteckt wurde durch seine Frau Rahel (1.Mose 31). Wo das der Fall war, hätte die Frage »Was hast du im Hause?« Verlegenheit hervorgerufen. Wir dürfen uns einen Augenblick lang klarmachen, dass der heilige Gott auch uns diese Frage stellt. Er schaut in unser Privatleben. Er stellt unser Verborgenes ins Licht. Man lese dazu 1.Mose 35,1-5. Der Erweckungsprediger Spurgeon hat eine Predigt über diese Geschichte gehalten unter der Überschrift »Eine Hausreform«.

Wir haben auch je und dann solch eine Hausreform nötig, bei der unsere Götzen, unsere Launen, unsere Familientyranneien, unsere geheimen Zwiste und Streitereien zwar nicht unter »die Eiche zu Sichem«, aber unter das Kreuz unseres Erlösers gebracht werden.

Glückliche Frau, in deren Hütte zwar lauter

Armut ist, aber in der Gottes Licht regiert und in der man »als am Tage« – wie Paulus es ausdrückt – lebt!

»*Deine Magd hat nichts im Hause denn einen Ölkrug.*« Es handelt sich hier um Öl zum Salben, also nicht um Öl zur Speisenzubereitung. Die Salbe gehörte damals nicht zum Luxus. Sie hat eher die Bedeutung unserer Seife. So lesen wir einmal von David nach einer Trauerzeit: »Er wusch sich und salbte sich und tat andere Kleider an.« Nur ein wenig Salbe hatte die Frau im Hause. Mit diesem Wenigen tut der Herr Sein Wunder und hilft.

Auf Hoffnung glauben

»*Elisa sprach: Gehe hin…*« Nun muss es sich zeigen, ob die Frau dem Wort des Herrn durch den Mund des Propheten glaubt. Der Unglaube hätte die Achseln gezuckt und gesagt: »Ich kann mich doch nicht blamieren vor meinen Nachbarinnen.« Der halbe Glaube hätte es vielleicht »versucht« und sich ein oder zwei Gefäße geborgt. Der Glaube traut dem Wort des Herrn und holt sich viele Gefäße zusammen. Ein Ausleger schreibt dazu:

> »Die Gütigkeit Gottes gibt die Gnade je nach dem Maß derer, die sie empfan-

gen; hört Er auf, dieselbe einzugießen, so geschieht's, weil kein Raum mehr dazu im Herzen ist. Könnten wir aber mehr fassen, so würde Er auch mehr geben.«

Schließe die Tür zu hinter dir.« Jede Störung von außen soll ausgeschaltet werden. Es handelt sich bei dem, was die Frau tun soll, ja nicht um irgendein alltägliches Geschäft, sondern um einen Akt des Glaubens, der in der Stille vor sich gehen soll. Die Apostel haben oft im Glauben große Taten getan vor vielem, lärmendem Volk. Aber sie hätten diese Glaubenstaten nie tun können, wenn sie nicht den Auftrag und die Vollmacht zu der Tat des Glaubens in der Stille bekommen hätten. Die »verschlossenen Türen« spielen im Leben der Gläubigen eine große Rolle. Jesus sagt:

»Wenn aber du betest, so gehe in dein Kämmerlein und schließe die Tür zu« (Matth. 6,6).

Wunderbare Erfahrungen mit dem Herrn und die verschlossene Tür, Gnadenerfahrungen und Stille, Gebetserhörungen und Einkehr ins Heiligtum gehören zusammen. Wer das eine nicht hat, kennt auch das andere nicht.

Vers 5: Das ist nun eine schöne Geschichte vom Glauben! Der Apostel Paulus hat im Römerbrief den Vater Abraham als Vorbild des Glaubens hingestellt: »Er hat geglaubt auf Hoffnung, da nichts zu hoffen war« (Röm. 4,18ff). Abraham sah nicht auf die äußere Unmöglichkeit, er sah auf das Wort seines Gottes. Genau so hat es hier die Frau gemacht. Sie hatte ein Wort des Herrn. »*Gieße in alle Gefäße!*« Für die Vernunft war das unmöglich, dass sie mit ihrem Ölkrüglein die vielen zusammengeliehenen Gefäße hätte füllen können. Aber sie hielt sich an das Wort des Herrn und wurde nicht zuschanden.

Paulus hat diese Darstellung des Glaubens vornehmlich angewandt auf unsere Rechtfertigung vor Gott. Wenn wir uns selbst ansehen, unsere Unfähigkeit zum Guten, unser Verkauftsein unter die Sünde, unsere Lust zum Bösen, dann ist keine Hoffnung, dass wir Kinder Gottes und selig werden könnten. Aber nun sagt uns der Römerbrief: Sieh nicht auf dich, sondern auf das Wort Gottes, das am Kreuz Jesu »Fleisch« geworden ist. Sieh auf dies Gnadenwort und fasse es, dass Gott dich in Ihm gerecht gemacht hat. Oder denken wir an die Frau unserer Geschichte: sie ist in ihrem einfältigen Glauben ein rechtes Vorbild für uns, die wir immer unsere Gefäße selbst füllen wollen, die wir unserem »guten Willen« viel zu viel und unserm herrlichen Heiland viel zu wenig zutrauen.

»Er schenket mir voll ein«

»*Und da die Gefäße voll waren ...*« Man komme uns doch nicht mit der Behauptung, hier handle es sich um eine Legende, wie sie aus dem Leben aller Religionsstifter erzählt würden. Wir haben einen Gott, der hilft und der dem Glauben antwortet. Und ich will nicht müde werden zu bezeugen, dass Er auch heute noch Wunder und Zeichen tut. Kinder Gottes leben von Seinem Eingreifen und von Seiner Hilfe.

Aber nun ist es allerdings keine Frage, dass in den Kapiteln 2.Könige 4-6 solch eine Häufung wunderbarer Dinge berichtet wird, dass auch ein gläubiges Herz vielleicht leise seufzt und fragt: »Warum erlebe denn ich nicht solch eine Menge Wunder?« Darauf ist zu antworten: Die Menschen damals in Israel hatten nicht (wie wir hoffentlich) eine Bibel. Es war nun so wichtig, dass in der Zeit, in der das Heidentum ringsum solch einen verführerischen Glanz verbreitete, der Herr sich offenbare – wenigstens den verlangenden Seelen. Unsere

Lage ist anders. Wir haben die Bibel. Wir haben das Zeugnis der Apostel und Propheten, von dem Paulus sagt, dass es das Fundament sei, auf dem die Gemeinde erbaut ist (Eph. 2,20). Wir haben die Offenbarung Gottes in Jesus. Wir haben die Botschaft von Seinem versöhnenden Kreuzestod. Wir kennen den Auferstandenen von den Toten. Wir wissen von Seiner Gegenwart in der Gemeinde. Wir kennen und haben den Heiligen Geist. Sagt selbst: Sind wir nicht besser dran als jene Witwe, die eine Bezeugung des Herrn erhielt durch die Vermehrung des Öls? Darum kann Gott – dass ich so sage – langsam tun mit der Bezeugung durch Wunder. Für unsere Zeit heißt es: »Der Glaube kommt aus der Predigt, das Predigen aber durch das Wort Gottes« (Röm. 10,17).

»Und da die Gefäße voll waren ...« Dieses Wort ist eine wundervolle Illustration zu dem Wort Davids: »Er schenket mir voll ein« (Ps. 23). Unser Gott gibt reichlich! Lesen wir dazu ein paar Bibelstellen: Römer 5,5; Psalm 36,9; 65,10; Jes. 61,10. Wie reichlich unser Herr Seine Gnade austeilt, wird deutlich an einem wundervollen Wort Luthers: »Ich weiß gar nicht, wo ich hin soll mit all der Gerechtigkeit, die ich in Jesus habe.«

»Bezahle deinen Schuldherrn.« Hier klingt die

Melodie der Bibel an: Der Herr bezahlt für uns, dass wir losgekauft werden. »Des Menschen Sohn ist gekommen, dass er sein Leben gebe zu einem Lösegeld für viele.« In der Erklärung zum 2. Artikel sagt Luther:

> »Er hat mich erworben und gewonnen von allen Sünden, vom Tode und von der Gewalt des Teufels – nicht mit Gold oder Silber, sondern mit seinem teuren Blut und mit seinem unschuldigen Leiden und Sterben.«

Und in Nazareth predigt Jesus, dass Er gekommen sei, zu verkündigen »den Gefangenen, dass sie los sein sollen« (Luk. 4,18).

Die Sunamitin

2.Könige 4,8-14: Und es begab sich zu der Zeit, dass Elisa ging gen Sunem. Daselbst war eine reiche Frau; die hielt ihn, dass er bei ihr aß. Und so oft er daselbst durchzog, kehrte er zu ihr ein und aß bei ihr. Und sie sprach zu ihrem Mann: Siehe, ich merke, dass dieser Mann Gottes heilig ist, der immerdar hier durchgeht. Lass uns ihm eine kleine bretterne Kammer oben machen und ein Bett, Tisch, Stuhl und Leuchter hineinsetzen, auf dass er, wenn er zu uns kommt, dahin sich tue. Und es begab sich zu der Zeit, dass er hineinkam und legte sich oben in die Kammer und schlief ein. Elisa sprach zu seinem Diener Gehasi: Rufe die Sunamitin! Und da er sie rief, trat sie vor ihn. Er sprach zu ihm: Sage ihr: Siehe, du hast uns allen diesen Dienst getan; was soll ich dir tun? Hast du eine Sache an den König oder an den Feldhauptmann? Sie sprach: Ich wohne unter meinem Volk. Er sprach: Was ist ihr denn zu tun? Gehasi sprach: Ach, sie hat keinen Sohn, und ihr Mann ist alt.

Der Prophet findet einen Ruheort

»*... Sunem. Daselbst war eine reiche Frau, die hielt ihn, dass er bei ihr aß.*« (Sunem ist ein Städtlein in der Nähe des Berges Karmel, im Gebiet des Stammes Isaschar.)

Ob die Frau wohl geahnt hat, welch große Sache sie damit begann? Unser Herr erklärt sich so solidarisch mit Seinen Kindern, dass alles Gute, was ihnen getan wird, Ihm getan ist. Und alles Böse, was den Kindern Gottes angetan wird, ist Ihm angetan. So wird Er einst an Jenem Tage zu Leuten, die Ihn gar nicht kennen, sagen:

»Ich bin hungrig gewesen, und ihr habt mich gespeist. Was ihr getan habt einem unter diesen meinen geringsten Brüdern, das habt ihr mir getan« (Matth. 25,35.40).

Ein armer, einfacher Knecht Gottes wird in das reiche Haus geladen. Er ist froh, dass nun wieder für ihn gesorgt ist. Ist es eine Ehre für Elisa? Nein! Es ist eine Ehre für die reiche Frau, die mit dem Knecht Gottes den Herrn selber eingeladen hat. Jesus hat Seinen Jüngern, als Er sie aussandte, gesagt:

> »Wo ihr in ein Haus geht, so grüßet es; und so es das Haus wert ist, wird euer Friede auf sie kommen« (Matth.10,12f).

Gotteskinder bringen als Gastgeschenk den Frieden Gottes mit. Das wird die Frau gemerkt haben. So hat sie den Plan gefasst, dem Mann Gottes ein Stücklein Heimat zu geben. Sie bespricht die Sache verständig mit ihrem Mann, und der willigt ein. Ja, er tut sogar mehr, als aus der Lutherübersetzung deutlich wird. Wo es da heißt »bretterne Kammer«, muss man besser übersetzen »gemauerte Kammer«.

Christen sind Heilige

»...*dass dieser Mann Gottes heilig ist*...« »Heilig« heißt: dem Herrn angehörend. Darum nennt der Apostel Paulus seine Brüder »Heilige und Geliebte«. Die Leute, an die er schrieb, waren durch Buße und Glauben an Jesus Gottes Kinder und Sein Eigentum geworden. Darum sind sie Heilige. In dem Lied »Es glänzet der Christen inwendiges Leben« heißt es:

Sonst sind sie noch Adams natürliche Kinder,
so tragen das Bild sie des Irdischen auch.
Sie leiden am Fleische wie andere Sünder,
sie essen und trinken nach nötigem Brauch.
In leiblichen Sachen, im Schlafen und Wachen
sieht man sie vor andern nichts Sonderlichs machen –
nur dass sie die Torheit der Weltlust verlachen.

Ja, Kinder Gottes machen, solange sie hier auf Erden ihren Lauf haben, immer wieder die Erfahrung, wie sehr sie »Adams Kinder« sind. Und wie sehr »das Fleisch gelüstet wider den Geist« (Gal. 5,17). Aber gerade darum üben sie sich in dem »Sterben mit Christus«. Ihr Gebet ist: »Liebe, zieh uns in dein Sterben. Lass mit dir gekreuzigt sein, was dein Reich nicht kann ererben …«

Solch ein Sterben mit Christus, solch ein In-den-Tod-Geben des natürlichen, ungöttlichen Wesens kann der Umgebung nicht verborgen bleiben. Bei Elisa jedenfalls war es so. Darum sagt die Frau zu ihrem Mann: »Siehe, ich merke, dass dieser Mann Gottes heilig ist.« Sie spürt etwas von der Geisteskraft, die in ihm wohnt.

Kinder Gottes sind nicht abhängig vom Urteil der Welt. An Gottes Urteil liegt ihnen mehr als am Urteil der Menschen. Aber es ist doch etwas Schönes und Großes, wenn die Welt so, wie die Frau hier, über ihren geistlichen Stand urteilt. Erkennt die Welt auch an uns Heiligkeit?

Nun kehrt also der Prophet Gottes regelmäßig in dem reichen Haus in Sunem ein.

Der Diener Gehasi

»... *sprach zu seinem Diener Gehasi* ...« Da taucht nun zum ersten Mal dieser »Diener« des Propheten auf. Vielleicht war er eines der Prophetenkinder, von denen wir schon hörten. Dem war es sicherlich eine Ehre und Freude, dem Propheten zu folgen auf seinen Wegen, seine Predigten zu hören und seine Wundertaten zu erleben, so wie einst der junge Markus mit Paulus und Silas auszog (Apostelgeschichte 12,25). Wir wissen nicht, woher Gehasi kam, wie alt er war, wann er zu Elisa stieß. Aber dies wird uns berichtet: So erfreulich es ist, dass dieser Mann sein Leben in den Dienst des Herrn stellte, so betrüblich ist es, wie wenig er dabei mitbekommt von dem Heiligungsernst des Elisa. Wir hören später noch davon.

Wunschlos glücklich?

Es fällt auf, dass Elisa nicht direkt mit der Frau redet, die doch vor ihm steht. »Er sprach zu Gehasi: Sage ihr ...« Die Ausleger haben sich über diesen Vorgang den Kopf zerbrochen. Und es gibt mancherlei Erklärungen. Vermutlich war es so, dass die Frau eine tiefe Ehrfurcht vor dem Mann Gottes hat und dass sie geradezu erschrocken ist darüber, dass er sie in sein Zimmer rufen lässt. Sie merkt, dass der Prophet etwas Besonderes vorhat. Das macht sie schüchtern. Dieser Respekt der Frau vor dem einfachen Gottesmann sticht wohltuend ab gegen den Spott und die Feindschaft, denen der Prophet oft begegnen musste.

Es ist doch manchmal bei uns so, dass wir Ehrfurcht und tiefen Respekt haben vor Menschen mit Geld oder Einfluss, während uns die Bedeutung einfacher Knechte Gottes gar nicht aufgeht. Diese reiche Frau ließ sich offenbar nicht vom Reichtum imponieren. Aber die »Heiligkeit« des Propheten machte sie demütig.

»*Hast du eine Sache an den König oder an den Feldhauptmann?*« Die Stellung der Könige in Israel gegenüber den Propheten wechselte oft. Wir sahen im 3. Kapitel, wie sich Könige vor dem Propheten beugten. Aber zu anderen Zeiten warfen sie ihren ganzen Hass auf die Männer, die ihrem gottlosen Treiben entgegenstanden. Jedenfalls waren Propheten Menschen, die sogar von den Königen zur Kenntnis genommen wurden. Jetzt war wohl gerade eine Zeit, in der Elisa Einfluss hatte bei Hof. So ist sein Angebot nicht »Angeberei«, sondern wirklich ernst gemeint.

»*Ich wohne unter meinem Volk.*« Eine seltsame Antwort! Zunächst ist klar: sie lehnte das Angebot des Propheten ab. Jetzt ist sie in den Augen der Welt eine rechte Närrin. Hier ist eine glänzende »Beziehung«. Aber die Frau überlegt nicht einen Augenblick, was sie da herausschlagen könne. Sie lehnt ab. Wir spüren: in ihr ist ein anderer Geist als der Geist dieser selbstsüchtigen, gierigen Welt.

Weiter will sie mit dieser Ablehnung wohl deutlich machen, dass sie nicht um Lohn den Propheten aufgenommen hat. Die Frage »Was wird mir dafür?« kann unsere besten Werke vergiften. Die Frau hat mit einfältigem Herzen dem Mann Gottes ihr Haus geöffnet und ihm

Gutes getan. Solch absichtsloses Gutes-Tun ist recht eine Frucht des Heiligen Geistes.

Aber was soll nun der seltsame Ausdruck: »Ich wohne unter meinem Volk«? Vielleicht will die Frau sagen: Bei den Großen und Mächtigen habe ich nichts zu suchen. Ich gehöre zu dem namenlosen Volk. Wenn sie es so meint, ist es wieder ein Ausdruck ihrer Bescheidenheit und Demut. »Gott widersteht den Hoffärtigen, aber den Demütigen gibt er Gnade« (1.Petr. 5,5). Solche Demut wird gelernt in der Schule des Heiligen Geistes.

Wahrscheinlich aber drückt sie mit ihrem Satz die Geborgenheit aus, die ihr das Leben unter ihrem Volke gibt. Es genügt ihr, unter dem erwählten Volk Gottes zu wohnen. Dafür ist sie dankbar. Wenn wir es so ansehen, bekommt der Satz einen neuen Sinn. Ich habe ihn manchmal gehört aus dem Mund von Christen, wenn sie etwa auf Glaubenskonferenzen sich der Gemeinschaft mit denen freuten, die mit ihnen den Herrn Jesus lieb haben und mit ihnen zum selben Ziel wandern. Da kann solch ein Gotteskind freudig, ja geradezu behaglich und glücklich sagen: »Jetzt wohne ich unter meinem Volk!« Das verstehen nur die, welche wissen, dass es ein »Volk Gottes« gibt und dass die Gemeinschaft dieses Gottesvolkes etwas Köstliches ist.

Wir müssen annehmen, dass nach diesem Gespräch die Frau das Zimmer des Elisa verließ. Der ist nun wieder allein mit Gehasi. Ihm lässt die Sache noch keine Ruhe. Und weil er seinen neugierigen Gehasi kennt, der alles, was auszuschnüffeln ist, herausbekommt, fragt er ihn: *»Was ist ihr denn zu tun?«*

Eine Frau in Not

Und Gehasi antwortet: *»Ach, sie hat keinen Sohn, und ihr Mann ist alt.«* Da kommt es nun heraus, dass die Frau doch an einer verborgenen Not trägt. Unsere Zeit kann das wohl gar nicht mehr richtig mitempfinden, welche Qual solche Unfruchtbarkeit für eine Frau der damaligen Zeit bedeutete. Es war nicht nur eine Schande vor den Menschen, dass hier ein Geschlecht zum Aussterben verurteilt war. Nein, hier entstand die Frage, ob diese Unfruchtbarkeit nicht ein Zeichen für die Verwerfung durch Gott sei. Es gibt mehrere Stellen in der Bibel, in denen die Unfruchtbarkeit der Frauen als direktes Eingreifen Gottes angesehen wird, z. B. 1.Mose 20,18:

> »Denn der Herr hatte zuvor hart verschlossen alle Mütter des Hauses Abimelechs um Saras willen.«

Und umgekehrt gibt es Stellen genug, in denen Kinder als Segen und Geschenk Gottes angesehen werden.

> »Siehe, Kinder sind eine Gabe des Herrn, und Leibesfrucht ist ein Geschenk« (Psalm 127,3).

Mit solcher Not quält sich die Frau herum. Warum hat sie dem Propheten nichts davon gesagt? Sie hätte doch wissen dürfen, dass er nicht nur beim irdischen König Israels besondere Vollmacht hatte, sondern erst recht beim König aller Könige. Darum hätte sie wohl mit dieser Not herauskommen können. Aber – machen wir es nicht auch oft so dem großen Propheten und Heiland Jesus gegenüber? In der Bibel steht: »Schüttet euer Herz vor ihm aus!« Das heißt doch: Das Verborgenste dürfen wir vor Ihm ans Licht bringen. Wir kommen manchmal in unserem Leben nicht weiter, weil wir irgendeine notvolle Angelegenheit zurückhalten und nicht vor den Herrn zu bringen wagen.

Hier spreche ich jetzt nur mit Menschen, die beten können. Warum besprechen wir nicht mit unserem Herrn auch die Schwierigkeiten, die wir keinem sonst anzuvertrauen wagen;

auch die Nöte, die, wenn sie ausgesprochen werden, uns blamieren; auch die Probleme, die ganz verborgen im Herzen sitzen und uns quälen?

In meiner Seelsorge allerdings habe ich gefunden, dass vor allem Sündennöte verschwiegen werden. Man quält sich mit manchen Schwierigkeiten und meint, man müsse selber damit fertig werden. Ja, ehe man mit seinen Sünden nicht fertig geworden sei, dürfe man überhaupt nicht beten. Umgekehrt wird's richtig! »Schüttet euer Herz vor ihm aus.« Das heißt: Sage dem Herrn das Verborgene, das Böse, das Verschwiegene. Es ist das Vorrecht, das Jesus uns geschenkt hat, dass wir alles dem Herrn sagen dürfen: alle Nöte und erst recht Niederlagen, Hilflosigkeit und Sünden.

In die Höhe und in die Tiefe

2.Könige 4,15-20: Er sprach: Rufe sie! Und da er sie rief, trat sie in die Tür. Und er sprach: Um diese Zeit über ein Jahr sollst du einen Sohn herzen. Sie sprach: Ach nicht, mein Herr, du Mann Gottes! lüge deiner Magd nicht! Und die Frau ward schwanger und gebar einen Sohn um dieselbe Zeit über ein Jahr, wie ihr Elisa geredet hatte. Da aber das Kind groß ward, begab sich's, dass es hinaus zu seinem

Vater zu den Schnittern ging und sprach zu seinem Vater: O mein Haupt, mein Haupt! Er sprach zu seinem Knecht: Bringe ihn zu seiner Mutter! Und er nahm ihn und brachte ihn hinein zu seiner Mutter, und sie setzte ihn auf ihren Schoß bis an den Mittag; da starb er.

Große Verheißungen ...

»... *trat sie in die Tür.*« Gehorsam folgt die Frau dem Ruf des Elisa. Und demütig bleibt sie in der Tür stehen. Sie erkennt an, dass der Herr durch diesen Mann zu ihr redet. Darum ist ihre Ehrfurcht Respekt vor der Stimme Gottes.

Zu uns redet der Herr durch die Bibel. Hier hören wir Seine Stimme. Sollten wir nicht einen demütigen Respekt vor diesem Wort Gottes haben? Aber es ist das Kennzeichen unserer verstockten und hochmütigen Zeit, dass wir das Wort Gottes kritisieren, meistern und verachten. Mein Großvater, ein schwäbischer Lehrer, pflegte zu sagen: »Wenn ich die Bibel lese, nehme ich mein Käpplein ab. Und wenn ich etwas nicht verstehe, dann nehme ich's zweimal ab.«

Die Frau war immer bereit, dem Elisa zuzuhören. Und sie hörte mit Ehrfurcht zu. Halten wir es auch so mit unserer Bibel? Es hat einmal einer gespottet: »Die Evangelischen singen: ›Das Wort sie sollen lassen stahn ...‹ Und dabei meinen sie: auf dem Bücherbord, wo es langsam und sicher einstaubt.« So aber hat es Luther in seinem Lied doch wohl nicht gemeint. Gott schenke uns die Bereitschaft für Sein Wort, wie wir es bei dieser Frau aus Sunem sehen. Und Er schenke uns die ehrfürchtige Demut, die Seiner Stimme lauschen will – und nicht der eigenen. Dann werden wir dasselbe erleben wie diese Frau: Sie bekam eine feste Verheißung Gottes.

»... *sollst du einen Sohn herzen* ...« Nun ergeht es der Sunamitin wie dem Stammvater Abraham und seiner Frau Sara.

Auch bei diesen beiden sehen wir die scheinbare Unmöglichkeit, einen Sohn zu bekommen (1.Mose 15ff). Und in diese Unmöglichkeit hinein ergeht die Verheißung. Da kommt die unerleuchtete Vernunft nicht mit, wenn der Herr Seine Verheißungen gibt. Der Glaube aber lässt sich aus der Finsternis der unerleuchteten Vernunft hinausführen und glaubt dem Wort des Herrn.

Da bekommt ein Herz, das mitten in Not und Unruhe steckt, die Verheißung: »Ich will dich nicht verlassen noch versäumen.« Darauf reagiert der Unglaube: »Ich bin doch schon verlassen.« Der Glaube aber sieht nicht das Gedränge und seine Mühsal an, sondern ergreift die Verheißung und weiß sich mitten in der Not gehalten und getragen. Und so kann solch ein Herz dann wirklich den Gewinn aus der Not bekommen. Denn der Herr will uns geistliche Süßigkeit bereiten im Leib des schrecklichen Löwen des Jammers. (Wer dies nicht versteht, muss einmal im Richterbuch Kap. 14 die wunderbare Geschichte von Simson nachlesen.)

Wenn wir an die Verheißungen Gottes kommen, möchten wir am liebsten die ganze Bibel durchgehen, um zu prüfen, welche Bedeutung sie für den Glauben haben. Nur zwei Beispiele: Die »große Sünderin« bekommt die Zusage: »Dir sind deine Sünden vergeben.« Der Glaube ergreift die Verheißung, der Unglaube bezweifelt das sofort und sagt mit dem Brudermörder Kain: »Meine Sünde ist zu groß, als dass sie mir vergeben werden könnte.« – Der Herr sagt deutlich, dass Er in Herrlichkeit wiederkommen werde. Die Vernunft will das nicht gelten lassen. Sie macht allerhand Sprünge, um uns zu erklären, dies dürfe man nicht wörtlich nehmen, hier sei eben die Rede von unserer »eschatologischen Existenz«. Und es sei eine altertümliche Vorstellung, die von zukünftigen Zeiten rede. Der Glaube verzichtet auf solche Umstände und erklärt:

Er hat's gesagt, und darum wagt
mein Herz es froh und unverzagt
und lässt sich gar nicht grauen.

... und ein verzagtes Herz

»*Lüge deiner Magd nicht.*« Es ist nicht ganz klar, ob die Frau dem Wort Gottes glaubt. Allerdings ist dieser Satz auch nicht ohne weiteres als eine Äußerung des Unglaubens anzusehen. Indem sie dem Propheten hier den Titel »Mann Gottes« gibt, spricht sie aus, dass sein Wort ja wohl Wahrheit sein müsse. Es liegt mehr ein Verwundern in ihren Worten. Ein Ausleger sagt:

> »Es ist ein Unterschied, ob man aus Unglauben an den göttlichen Verheißungen zweifelt oder aus Demut und Verzagtheit, weil man die Verheißungen für zu groß und herrlich hält und sich ihrer nicht wert achtet.«

Wie dem auch sei: Es ging der Frau wie der Stammutter Sara. Als der Herr dem Abraham verhieß: »Übers Jahr soll Sara einen Sohn haben«, da lachte Sara heimlich hinter der Tür. So steht es eben mit unseren armen Herzen, dass sich bei uns Freude und Unglaube, Glaube und rechnende Vernunft oft merkwürdig mischen. Darum ist es so wunderbar, dass der Herr größer ist als unser Herz. Er steht zu Seinen Worten.

Der Herr gibt und nimmt

»... wie ihr Elisa geredet hatte.« Die Frau in Sunem bekam ihren Sohn. Wir erinnern uns an das schöne Wort aus Josua 21,45:

> »Es fehlte nichts an allem Guten, das der Herr dem Hause Israel verheißen hatte. Es kam alles.«

»... da starb er.« Nun geriet die Frau in dieselbe Not wie der »Vater des Glaubens« Abraham, als er den verheißenen Sohn wieder hergeben und dem Herrn opfern sollte.

Man macht sich oft verkehrte Vorstellungen vom Glauben. Man meint, das Leben müsse glatt und ohne Hindernisse verlaufen, sobald man das »Siegel des Glaubens« bekommen habe, sobald man dem Herrn gehöre. Gewiss, man erlebt wunderbare Durchhilfen, Wunder und Beweisungen der Liebe des himmlischen Vaters. Doch daneben geht es durch Proben und Anfechtungen. Das widerspricht nicht dem, was wir über die gnädigen Versprechen

Gottes gehört haben; denn auch diese Trübsale und Glaubensproben sind den Kindern Gottes in der Bibel versprochen. Paulus sagt (Apostelgesch. 14,22),

»dass wir durch viele Trübsale müssen in das Reich Gottes gehen.«

Wenn ein Mensch unter Jesu Kreuz gekommen ist und hier das Heil und die Gotteskindschaft gefunden hat, dann überlässt er sich dem Herrn. Und der führt uns so, dass unser Weg immer das Kreuzeszeichen trägt.
Wie arm, wie unglücklich und zerbrochen ist die Frau in Sunem nun! Ein Mann der Bibel sagt (1.Sam. 2,6):

»Der Herr führt in die Hölle und wieder heraus.«

Aber das geht nicht so schnell, wie es hier gesagt ist. Die Frau steht zunächst nur bei dem »Er führt in die Hölle«. Denn das ist doch wohl eine Hölle, wenn die Verheißungen Gottes wie ein Betrug erscheinen, wenn alle unsere Freuden uns genommen und unsere Pläne durchkreuzt werden. Es ist nicht zu leugnen: So kann ein Christenweg in die Hölle führen, wo alles zu Ende scheint. Aber – es ist nichts zu Ende, weil der Herr Jesus Christus auferstanden ist.

Einsamkeit

2.Könige 4,21-24: Und sie ging hinauf und legte ihn aufs Bett des Mannes Gottes, schloss zu und ging hinaus und rief ihren Mann und sprach: Sende mir der Knechte einen und eine Eselin; ich will zu dem Mann Gottes und wiederkommen. Er sprach: Warum willst du zu ihm? Ist doch heute nicht Neumond noch Sabbat. Sie sprach: Es ist gut. Und sie sattelte die Eselin und sprach zum Knecht: Treibe fort und säume nicht mit dem Reiten, wie ich dir sage!

Vom irdischen Sinn

Was uns zunächst auffällt, ist das Verhalten des Vaters. Als er den Sohn vor Schmerzen schreien hört auf dem Feld: »Mein Haupt! Mein Haupt!«, lässt er ihn durch einen Knecht nach Hause bringen. Später erkundigt er sich nicht einmal nach dem Kind. Ja, als die Mutter in ihrem Jammer ihm mit ihrer Bitte entgegentritt, merkt er gar nicht ihren Schmerz. Er ist ganz und gar erfüllt von sich selbst und von seiner Arbeit.

Das Neue Testament warnt uns ernst vor dem »irdischen Sinn«. Der verhärtet unser Herz gegen Gott und ebenso gegen unsere Umgebung. Es gibt keinen Menschen, dem der Satz nicht einleuchtet: »Liebe deinen Nächsten wie dich selbst.« Jeder ist mit dieser Maxime einverstanden. Doch oft geht es uns wie diesem Gutsbesitzer, dass wir unsren Nächsten überhaupt nicht in's Blickfeld bekommen.

In unserem Jugendkreis gab es einst eine große Erschütterung, als ein junger Mann von 17 Jahren, der mit vielen gut Freund war, sich das Leben nahm. Niemand hatte gemerkt, dass er in Not war. Niemand hatte gesehen, dass der Junge Hilfe brauchte. Es ging uns allen damals erschreckend auf, wie blind wir für unsere Nächsten sind.

Wie anders ist da unser Heiland! Er sah das »Weiblein« in der Versammlung, das »krumm war und nicht wohl aufsehen konnte« (Luk. 13,11). Um die nahm Er sich an. Er sah den reichen Zachäus auf dem Baum, der in großer innerer Unruhe »begehrte, Jesum zu sehen« (Luk. 19,3). Er sah den Gelähmten, der schon 30 Jahre am Teich Bethesda krank lag, und in Seiner eigenen Todesnot nahm Er sich des Schächers an, der neben Ihm verzweifeln wollte.

Es gilt wohl von uns allen, was der Herr durch den Mund des Propheten sagen lässt: dass wir ein »steinernes Herz« haben. Aber dabei soll es nicht bleiben. Darum sagt Er: »Und ich will euch ein neues Herz und einen neuen Geist in euch geben ... und will solche Leute aus euch machen, die in meinen Geboten wandeln und meine Rechte halten und danach tun« (Hes. 36,26f).

Der Sohn Gottes ist nicht nur für uns gestorben. Wir dürfen auch mit Ihm sterben und mit Ihm in einem neuen Leben wandeln.

Kehren wir zurück zu dem Gutsbesitzer in Sunem. Er sah nicht den Jammer seiner Frau. Er bemerkte nicht einmal das Fehlen seines Kindes. Nun geschah das Erschütternde: Gott tat ein herrliches Wunder an dem toten Jungen. Aber die Bibel sagt nichts davon, ob der Mann von der ganzen Sache auch nur eine Spur mitbekommen hat. Hier wird so deutlich, wie man mit dem »irdischen Sinn« draußenstehen kann, neben dem gewaltigen Geschehen des Reiches Gottes, außerhalb des Bereichs der »großen Taten Gottes«.

Man sagt uns heute, der moderne Mensch interessiere sich nicht für das, was im Römerbrief von diesen »großen Taten Gottes« gesagt wird. Er habe kein Interesse für Versöhnung und Frieden mit Gott, für Vergebung der Sünden und Gewissheit der Errettung. Sicher interessiert sich der natürliche, unerleuchtete Mensch für all dies nicht. Aber dann hat die Bibel keine andere Botschaft für ihn, die ihm besser zusagt. Sie teilt ihm nur mit, dem stolzen modernen Menschen, dass er »draußen vor der Tür« steht – wie der Gutsbesitzer in Sunem. Und während die Kinder Gottes – wie die Frau in unserer Geschichte – weinen und beten und herrliche Hilfe erlangen, steht er, gefangen im irdischen Sinn, daneben und kapiert nichts.

Doch nun haben wir vorgegriffen. Noch hat Gott Seine große Tat nicht getan. Kehren wir in das Haus der Traurigkeit und der irdischen Geschäftigkeit zurück.

Unsre Not muss vor den wahren Helfer gebracht werden

Die Frau hat ihren toten Jungen in dem Zimmer des Elisa eingeschlossen. Wie mag ihr Herz dabei geblutet haben! Hier in diesem Raum war ihr die Verheißung Gottes gegeben worden: »Um diese Zeit über ein Jahr wirst du einen Sohn herzen.« Sie weint nicht nur über den toten Sohn. Sie weint, weil ihr Glaube bebt. Hier liegt die eigentliche Not für Kinder Gottes, wenn die Anfechtungen ihnen das Angesicht ihres Herrn verdunkeln.

»*Ich will zu dem Mann Gottes.*« Eine erweckte Seele, die nicht mehr hin- und herläuft, um da und dort Trost und Hilfe zu suchen, sondern die stracks zu dem hineilt, durch den Gott sich ihr geoffenbart hat. Der gewaltige Hebräerbrief beginnt mit den Worten: »Nachdem vorzeiten Gott manchmal und mancherleiweise geredet hat zu den Vätern durch die Propheten, hat er am letzten in diesen Tagen zu uns geredet durch den Sohn.« Da wird es uns deutlich gesagt: Was dieser Frau aus Sunem Elisa war, das ist uns – wie viel reicher sind wir! – der Sohn Gottes. Erweckte Herzen wissen in allen Dunkelheiten ihres Lebens keine andere Zuflucht als bei Jesus, ihrem Heiland. Ob sie betrübt sind durch den Tod eines geliebten Menschen, ob sie durch Krankheit oder Verluste im Irdischen geschlagen sind, ob Not und Katastrophen ihr Leben durcheinander bringen – sie eilen zu Jesus. Und sie erleben bei Ihm, was in den Psalmen steht:

> »Wie teuer ist deine Güte, Gott, dass Menschenkinder unter dem Schatten deiner Flügel Zuflucht haben.«

> »Unter dem Schatten deiner Flügel frohlocke ich.«

Lesen wir jetzt den 23. Vers: ein erschütternder Einblick in eine Ehe, wie sie nicht sein sollte. Die Frau ist erweckt. Aber ihr Mann ist so fern von allen Regungen des Geistes Gottes, dass sie nicht den Mut hat, mit ihm über ihre Gedanken und ihren Glauben zu sprechen. Und der Mann ist's zufrieden. Die beiden leben nebeneinander her. Es geht nach dem Wort aus Jesaja 53, 6: »Ein jeglicher sah auf seinen Weg.« Wie anders schildert ein Lied eine rechte Ehe:

O selig Haus, wo Mann und Frau in einer,
in deiner Liebe eines Geistes sind,
als beide eines Heils gewürdigt, keiner
im Glaubensgrunde anders ist gesinnt,
wo beide unzertrennbar an dir hangen
in Lieb und Leid, Gemach und Ungemach
und nur bei dir zu bleiben stets verlangen
an jedem guten wie am bösen Tag.

So reitet die Sunamitin nun dahin auf ihrem Esel, gefolgt von dem Knecht. In ihrem Herzen ist Jammer um die Enttäuschung an Gott und um ihr totes Kind. Unendlich einsam ist diese Frau.

Eine wunderliche Frau

2.Könige 4,25-27: Also zog sie hin und kam zu dem

Mann Gottes auf dem Berg Karmel. Als aber der Mann Gottes sie kommen sah, sprach er zu seinem Diener Gehasi: Siehe, die Sunamitin ist da! So laufe ihr nun entgegen und frage sie, ob's ihr und ihrem Mann und Sohn wohl gehe. Sie sprach: Wohl. Da sie aber zu dem Mann Gottes auf den Berg kam, hielt sie ihn bei seinen Füßen; Gehasi aber trat herzu, dass er sie abstieße. Aber der Mann Gottes sprach: Lass sie! denn ihre Seele ist betrübt, und der Herr hat mir's verborgen und nicht angezeigt.

Die Textgeschichte berichtet von einer reichen Frau in Sunem, die dem Propheten Elisa in ihrem Hause ein Stüblein einrichtete, damit er dort Rast halten könne, wenn er zum Norden des Landes wanderte oder von dort kam. Eines Tages verhieß der Prophet der Frau, ihr heißer Wunsch werde von Gott erfüllt: Sie solle übers Jahr einen Sohn herzen. Nun berichtet die Bibel ganz knapp, wie der Junge eines Tages seinen Vater auf das Feld begleitet zur Ernte, wie er dort einen Sonnenstich bekommt und schließlich in den Armen der Mutter stirbt. Sie legt das Kind in die Kammer des Elisa. Dann reitet sie fort auf einem Esel, begleitet von einem Knecht, um den Propheten zu suchen. Ihr Mann ist mit der Ernte so beschäftigt, dass er von allem kaum etwas merkt.

Aufbruch im Glauben

»*Also zog sie hin.*« D. Paul Humburg, der während des Kirchenkampfes im Hitlerreich die »Bekennende Kirche« im Rheinland leitete und sicher manche einsame Stunde der Angst und Anfechtung durchleben musste, sagt zu dieser Stelle:

> »Also zog sie hin ... Also? Es ist doch Unsinn! Ja, Unsinn für den natürlichen Menschen, aber ein ganz folgerichtiges ›Also‹ für den Glauben. Sie wollte dem Manne Gottes ihr Leid klagen und es damit vor Gott bringen. Sie zog hin zu Gott trotz aller Fragen, alles Abratens, aller bedenklichen Gesichter, alles heimlichen Spottes, alles mitleidigen Nachblickens. Sie zog hin. Wer glaubt, den zieht es hin zu seinem Herrn. Wie manches selige Gotteskind, das von seiner Umgebung nicht verstanden wird, ist innerlich immer auf dem Weg zu seinem Herrn, immer im Vorzimmer des ewigen Königs und hat darum trotz aller Not noch Sonnenschein im Herzen und auf dem Angesicht.«

Es ist seltsam, dass die Frau ohne langes Suchen den Propheten fand, der doch immerzu im Lande herumzog. Es ist auch kaum anzunehmen, dass er einen genauen Reiseplan hatte, den er vorher der Frau hätte mitteilen können. Er wurde ja vom Herrn geleitet dorthin, wo Aufgaben auf ihn warteten. Ich bin überzeugt, dass wir in dieser merkwürdigen Tatsache einen geistlichen Hinweis sehen dürfen. Der Herr Jesus hat selber gesagt, dass wir überall im Alten Testament Spuren und Zeugnisse von Ihm finden können. So ist solch ein Prophet wie Elisa eine Abschattung Jesu Christi. Und bei Ihm geht es den suchenden Herzen wie der Frau in unserer Geschichte: Wer Ihn mit verlangendem Herzen sucht, der findet Ihn.

> »So ihr mich von ganzem Herzen suchen werdet, so will ich mich von euch finden lassen.«

Dies Wort aus Jeremia 29 gilt. Darum soll nur keiner sagen, er könne nicht an Jesus Christus glauben.
Ja, bei Jesus steht die Sache noch besser als bei Elisa. Von Jesus heißt es, dass Er uns sucht, lange ehe wir angefangen haben, Ihn zu suchen. »Hätt'st du dich nicht zuerst an mich gehangen, ich wär von selbst wohl nicht dich suchen gangen«, heißt es in einem Lied.

»... *auf den Berg Karmel* . . .« Es ist leicht einzusehen, dass es den Elisa immer wieder zu diesem Berge zog, wo sein großer Meister und Vorgänger im Prophetenamt Wunderbares erlebt hatte. Hier auf dem Berg Karmel hatte Gott Feuer vom Himmel fallen lassen und sich vor allem Volk herrlich bezeugt. Sicher gedachte Elisa dieser großen Zeit und verglich sie mit der armseligen Gegenwart. So geht es uns oft, wenn wir von den großen Siegen Gottes etwa in der Reformationszeit oder bei den Erweckungen im 19. Jahrhundert lesen. Dann will uns das Herz schwer werden darüber, wie wenig in unseren Tagen geschieht. Aber es wird uns wiederum ergehen wie dem Elisa: Während er noch vor dem Herrn sich demütigt, weil er selber gering ist gegen den vollmächtigen Elia, während er noch seufzt nach Siegen Gottes, naht schon die Frau. Und mit ihr kommt eine Aufgabe auf ihn zu, bei der er erfährt: »Der Herr ist noch und nimmer nicht von seinem Volk geschieden.«

Es sei zugegeben, dass von all diesem die Bibel nichts sagt. Aber der Aufenthalt des Elisa auf dem Karmel legt solche Gedanken nahe. Und es ist wichtig, darauf hinzuweisen, dass allerdings in unseren Tagen ein Seufzen unter den Kindern Gottes zu hören ist: »O bessre Zions wüste Stege…!« Und wie die Kinder Gottes darüber in die Buße geführt werden, dass sie selber so wenig vollmächtiges Zeugnis haben. Vor allem aber muss darauf hingewiesen werden, dass wir bei dem Seufzen nicht stehenbleiben dürfen, weil der Herr uns täglich Aufgaben schickt, in denen Er sich uns als Helfer bezeugen will.

Zielstrebiges Suchen

Der Prophet sieht die Frau von weitem kommen und sendet ihr den Gehasi entgegen. Leichtfüßig eilt der junge Mann den Berg hinab und fragt die Frau nach dem Befinden der Familie. Und nun geschieht es, dass die Frau kurz angebunden antwortet: »Es geht gut.« Und dabei liegt zu Hause ihr totes Kind! Eine offenbare Unwahrheit. Dazu sagt D. Paul Humburg:

> »War das eine Lüge? Es war ein kurz abweisendes Wort Gehasi gegenüber, den sie in seiner Unlauterkeit durchschaut hat. Man kann schon nicht jedem auf seine Frage nach dem äußeren Befinden Antwort geben. Die Fragen sind oft so leicht hingeworfen, gedankenlos, nur der äußeren Form nach. Aber noch viel weniger kann man in

tiefer innerer Not auf solche schnelle Frage hin so im Vorbeigehen sich aussprechen. Unsere Fragen tun oft weh, Fragen, die teilnahmsvoll klingen und doch so teilnahmslos sind. Auch beim flüchtigen Grüßen sollten wir Augen haben für die unausgesprochene Not des anderen und uns gegenseitig helfen. Und wenn wir merken, es liegt ein Druck auf einer Seele, dann wollen wir nicht plump oder zudringlich weiterfragen, sondern verständnisvoll schweigen oder die Hand drücken. Wahrlich, ich möchte keiner halben und keiner zehntel Unwahrheit das Wort reden, aber verstehen möchte ich das wunderliche Wort dieser Frau, mit dem sie diesen Schwätzer abweist. Wenn er beim Anblick des Leids, das ihm gegenüberstand, das Leid nicht sah und darüber verstummte, dann möchte ich es ihr nicht übel deuten, dass sie mit diesem kurzen Wort sich von dem lieblosen Frager wendet zu dem Mann Gottes, bei dem sie mehr Verständnis erwartet. Auch diese Antwort möchte ich zu den Wunderlichkeiten des Glaubens rechnen.«

Am meisten aber müssen wir bei der Frau ihre Zielstrebigkeit bewundern. Sie will zum Propheten, nicht zu seinem Diener! So halten es die wirklich erweckten Seelen. Sie lassen sich durch niemand und nichts davon abhalten, zu dem großen Propheten und Heiland Jesus selber zu gehen. Es ist keine Frage, dass manch einer sich aufgemacht hat, den Herrn zu suchen und dann doch hängenblieb an einem Seiner Diener. Im Neuen Testament kommt ein Vater vor, der einen mondsüchtigen Jungen hatte. Der ging zu den Jüngern Jesu und wurde furchtbar enttäuscht. Erst als Jesus selber kam, wurde ihm geholfen.

Sicher braucht der Herr Menschen in Seinem Dienst. Aber dieser Dienst kann immer nur darin bestehen, dass die Diener des Herrn die Seelen zum wahren Helfer, zu Jesus selbst, weiterführen. Zu Ihm sollen sie den Weg freimachen, auf Ihn sollen sie weisen. Auf keinen Fall dürfen sie sich vor Ihn stellen und die Seelen aufhalten.

»Sie hielt ihn bei seinen Füßen.« Was war das doch für ein exaltiertes Verhalten! Es war gegen jede Form und jeden Anstand. Und es ist interessant, wie die beiden Männer auf dies wunderliche Verhalten der Frau reagieren:

Gehasi will sie wegstoßen. Der junge Mann ist für Ordnung. In seinem eigenen Leben ist manches gar nicht in Ordnung, wie wir später hören werden. Um so mehr ist er auf äußere Form bedacht. So etwas gab es nicht nur damals. Und außerdem fehlt ihm jedes Verständnis für große Anfechtungen und innere Nöte. Er weiß nichts von Kämpfen im Innern. Man kann sich im engsten Kreis eines geistlichen Geschehens bewegen wie Gehasi und doch unendlich fern sein von dem, was wirklich geschieht.

Wie anders Elisa! Seine Augen haben die Not der Frau erkannt. Er hat Augen, die geöffnet sind für den Nächsten.

Christenstand in der Prüfung

2.Könige 4,28-31: Sie sprach: Wann habe ich einen Sohn gebeten von meinem Herrn? Sagte ich nicht, du solltest mich nicht täuschen? Er sprach zu Gehasi: Gürte deine Lenden und nimm meinen Stab in deine Hand und gehe hin (so dir jemand begegnet, so grüße ihn nicht, und grüßt dich jemand, so danke ihm nicht) und lege meinen Stab auf des Knaben Antlitz. Die Mutter aber des Knaben sprach: So wahr der Herr lebt und deine Seele, ich lasse nicht von dir! Da machte er sich auf und ging ihr nach. Gehasi aber ging vor ihnen hin und legte den Stab dem Knaben aufs Antlitz; da war aber keine Stimme noch Fühlen. Und er ging wiederum ihm entgegen und zeigte ihm an und sprach: Der Knabe ist nicht aufgewacht.

Anfechtungen

»... *du solltest mich nicht täuschen.*« Nun kommt die eigentliche Not der Frau zum Ausdruck: Sie ist enttäuscht an Gott. Es ist auch schwer zu verstehen: Da schenkt Gott nach langem Sehnen den Sohn und nimmt ihn dann wieder weg. Die Frau erlebt dieselbe Dunkelheit wie der »Vater der Gläubigen«, Abraham, von dem Gott ja auch den verheißenen und langerwarteten Sohn wieder fordert (1.Mose 22). Er hörte nicht auf zu glauben. Im Hebräerbrief heißt es von ihm: »Er dachte, Gott kann auch wohl von den Toten erwecken.« So weit war diese erweckte Frau aus Sunem nicht. Sie sprudelte es vor dem Propheten heraus, dass ihr alles ein Ärgernis sei. Die Worte »Ärgernis« und »Ärger« hängen zusammen mit dem Wort »arg«. Beim »Ärgernis« hat »der Arge«, der Teufel, die Hand im Spiel, der uns aus dem Frieden Gottes vertreiben und uns das Vertrauen rauben will. Es ist gut, dass die Frau offen damit herauskommt. Nur unser großer Prophet Jesus kann uns zurechtbringen, wenn wir nicht fertig werden mit der Tatsache, die der Herr selber so ausspricht:

»Meine Gedanken sind nicht eure Gedanken, und eure Wege sind nicht meine Wege« (Jes. 55,8).

Friedrich Mayer sagt in seinem Buch »Führungen Gottes im Alten Bund«:

»Es geht mit allen Gnadengaben wie mit den Ölkrügen der Prophetenwitwe aus 2.Könige 4. Zuerst sind die Gefäße leer, dann wird Öl dreingegossen, und dann werden sie nochmals ausgeleert. Ehe die Seele Gnade bekommt, muss sie von dem Eigenen ganz arm und leer werden, aber kaum ist sie voll der überschwänglichen Kraft Gottes, so fängt Er auch schon wieder an, sie zu entleeren, um sie abermals füllen zu können. Dies geht so fort bis zur Vollendung, wo sie alles auf einen Tag wiederbekommt. Unterdessen bleibt ihr nur das Nötigste zur Notdurft unter den Händen. Da fragt die Seele allerdings oft: Hast du mich denn getäuscht?«

Es gibt ein gutes Mittel für uns Kinder des Neuen Bundes, um in solchen Anfechtungen zu bestehen. Es steht im 34. Psalm und heißt: »Welche auf ihn sehen, die werden erquickt, und ihr Angesicht wird nicht zu Schanden. « Auf Jesum sehen, wie Er für uns am Kreuz hängt! Hier ist die unübersehbare Manifestation der Liebe Gottes. Er hat Seinen Sohn für mich gegeben – nun wird Er mich doch lieb haben und die Hand nicht abziehen von mir, auch wenn der Weg durch Tiefen, ja durch die Hölle führt.

Umwege

Der Junge soll erweckt werden. Offenbar hat in diesem Augenblick (Vers 29) der Herr dem Elisa einen klaren Auftrag gegeben. Aber seltsamerweise sendet der Prophet zuerst den Gehilfen zu dem Werk. Warum tut er das? Wir wissen es nicht. Die Ausleger haben mancherlei Gründe gesucht. Die einen glauben, der Elisa habe dem Gehasi dessen Ohnmacht vor die Augen stellen wollen, um ihn in seiner inneren Unordnung zur Besinnung zu bringen. Andere meinen, der Prophet habe wirklich in gutem Glauben den Gehasi als seinen Stellvertreter delegiert. Oder: Der Elisa wäre überzeugt gewesen, der Junge sei gar nicht tot, und das könne nun der Gehasi feststellen.

Wir dürfen solche Überlegungen lassen. Die Bibel stellt nur fest, dass Elisa seinen Diener beauftragt, mit dem Prophetenstab vorauszugehen.

»Grüße ihn nicht, danke ihm nicht.« Im Orient werden Begrüßungen oft zu einer ausgedehnten Handlung. Wenn Gehasi sich darauf einlässt, kommt er lange nicht ans Ziel. Er soll eilen. Da kann man die Bemerkung doch nicht unterdrücken: Es kommt oft vor, dass Menschen etwas für den Herrn tun wollen, aber dabei immer wieder durch andere Dinge aufgehalten werden. Ja, manch einem ist das Leben darüber verflossen, ehe er etwas für den Herrn getan hat – trotz allen guten Willens.

»Ich lasse nicht von dir.« Es genügt der Frau nicht, dass der Diener gesendet wird. Sie muss den Propheten selber haben. Er selber muss reden. Er selber muss kommen. Was der Prophet für diese Frau war, das will Jesus für uns sein. Wir wollen nicht müde werden, darauf hinzuweisen. Wir können uns in unserm Jammer nicht von Menschen helfen lassen. »Ihr seid allzumal leidige Tröster«, sagte Hiob zu seinen Freunden. *»Da machte er sich auf und ging ihr nach.«*

Nachfolge ohne Kraft

In Vers 31 sehen wir ein Christentum ohne Kraft. Paulus spricht einmal von Menschen, die den »Schein eines gottseligen Wesens haben, aber seine Kraft verleugnen sie« (2.Tim.

3,5). Wie viel Pfarrer, Prediger, Evangelisten und Gemeinschaftsleiter gibt es, die dem Gehasi gleichen. Sie haben ein Amt, eine Würde, einen Prophetenstab. Aber es wird trotz all ihres Eifers nichts lebendig. Die Seelen bleiben im Tod. Es entsteht kein »Leben aus Gott«. Brüder, lasst uns in die Stille vor Gott gehen und uns fragen, woran das liegt!

Hier wollen wir noch einmal Paul Humburg hören, der viele Jahre unter jungen Männern gearbeitet und viel Erfahrung mit Gehasis gesammelt hat:

> »Wie manche unserer jungen Männer haben sich auch auf den Augenblick gefreut, wo sie einmal ›herankommen‹ durften, wo sie zum ersten Mal Verantwortung tragen und Aufgaben lösen sollten. Und wie viele sind enttäuscht heimgekehrt! Eilige, eifrige Jugend, erwartungsvoll und dienstbereit, man muss seine Freude daran haben, und doch ohne Frucht und tief enttäuscht! Warum? Ob auch bei ihnen solch eine innerste Unlauterkeit vorlag, wie wir sie bei Gehasi durch sein Verhalten in der Naemangeschichte (2.Könige 5,20ff) kennen lernen? Er hatte Nebenabsichten bei seinem ›Frommsein‹, er stand nicht in aufrichtigem Ge-

horsam des Geistes Gottes, sondern nährte heimliche Sünde in seinem Herzen. Wie sollte ihm Gott solche Tat gelingen lassen? Es macht's nicht der Prophetenstab und auch nicht das Gehaben und Betragen wie ein Prophet, und jugendlicher Eifer tut es auch nicht. Es kommt an auf eine lautere, ungeteilte Hingabe an Gott, nicht auf die Form, sondern auf die Kraft des Propheten.«

Gott will Leben

2.Könige 4,32-37: Und da Elisa ins Haus kam, siehe, da lag der Knabe tot auf seinem Bett. Und er ging hinein und schloss die Tür zu für sie beide und betete zu dem Herrn und stieg hinauf und legte sich auf das Kind und legte seinen Mund auf des Kindes Mund und seine Augen auf seine Augen und seine Hände auf seine Hände und breitete sich also über ihn, dass des Kindes Leib warm ward. Er aber stand wieder auf und ging im Haus einmal hieher und daher und stieg hinauf und breitete sich über ihn. Da schnaubte der Knabe siebenmal; danach tat der Knabe seine Augen auf. Und er rief Gehasi und sprach: Rufe die Sunamitin! Und da er sie rief, kam sie hinein zu ihm. Er sprach: Da nimm hin deinen Sohn! Da kam sie und fiel zu seinen Füßen und beugte sich nieder zur Erde und nahm ihren Sohn und ging hinaus.

Der Todesüberwinder

Man sieht oft den Tod als einen natürlichen Vorgang an. Die Bibel sieht den Tod anders. Er ist die Folge des Sündenfalls. »Gleichwie sie in Adam alle sterben ...«, heißt es 1.Kor. 15,22. Die Bibel nennt den Tod den »letzten Feind«, den »Lohn der Sünde«. Er ist also die große Störung der von Gott geschaffenen Welt.

Als Jesus starb, wurde der Tod überwunden. Wer an Ihn glaubt, der ist »vom Tode zum Leben hindurchgedrungen« (Joh. 5,24). Auf diese Todesüberwindung weist unsere Geschichte hin. Hier wird von Gott ein Zeichen aufgerichtet, dass nicht der Tod das letzte Wort hat, sondern Jesus, der »Fürst des Lebens«. Allerdings wird gerade hier deutlich, welch ein Unterschied besteht zwischen dem alttestamentlichen Propheten und dem Sohn Gottes. Elisa kann nichts tun. Der Leben schaffende Gott muss es tun. Wie anders bei Jesus! Er spricht nur ein einziges Wort, damit ruft Er den Lazarus, das Töchterlein des Jairus und den Jüngling zu Nain aus dem Tod.

»Er legte sich auf das Kind und legte seinen Mund auf des Kindes Mund.« In der auffallendsten

Weise macht Elisa sich mit dem Toten eins. Ja, viel mehr, als es auf den ersten Blick scheinen will. Im Gesetzbuch steht geschrieben:

>»Wer einen toten Menschen anrührt, der wird unrein sein. Wenn jemand einen toten Menschen anrührt und sich nicht entsündigen wollte, dessen Seele soll ausgerottet werden aus Israel« (4.Mose 19,11ff).

Nun berührt der Prophet nicht nur den Toten, er wird vielmehr mit ihm so eins, dass er geradezu Anteil an seinem Tod hat. Dass ich so sage: er wird selbst ein Toter. Und damit ruft er den Toten in das Leben.

Hier haben wir einen wunderbaren Hinweis auf Jesus. Er ging hinein in unseren adamitischen Tod, den wir durch die Sünde herbeigeführt haben. Und so wurde Er, Jesus, der Erretter aus dem Tode. (Man sage nicht, das seien Konstruktionen. Jesus selbst hat erklärt, dass man Ihn im Alten Testament finden könne. Und die ersten Christen, die das Neue Testament noch nicht hatten, haben sicherlich so, wie es eben ausgeführt wurde, diese Geschichte gelesen.) Der Hebräerbrief sagt (2,14f):

>»... auf dass er durch den Tod die Macht

nehme dem, der des Todes Gewalt hatte, das ist dem Teufel, und erlösete die, so durch Furcht des Todes im ganzen Leben Knechte sein mussten.«

So ist unsere Geschichte ein Hinweis, eine Verheißung auf die Erlösung durch Jesus.
Ja, manche alten Ausleger haben noch genauer diesen Hinweis auf das neutestamentliche Geschehen verstehen wollen. Da heißt es so: Der tote Knabe bedeutet das ganze menschliche Geschlecht, das dem Tode verfallen ist. Der Stab, mit dem Gehasi den Toten vergeblich erwecken wollte, stellt das Gesetz Gottes dar. Der Prophetenstab, den Gehasi dem Toten auf das Angesicht legte, war ein wirklicher Prophetenstab. Durch ihn hatte Elisa manches Zeichen getan. Aber er konnte kein Leben erwecken. So ist Gottes Gesetz wohl göttlich und gut. Aber es kann den Toten nicht erwecken. Es macht ihn nur – wenn man so sagen kann – toter. Durch Elisa ist der Sohn Gottes dargestellt, der durch Seine Menschwerdung sich ganz mit uns vereint hat, so wie Elisa sich mit dem toten Jungen ganz vereinte. Und durch Seine Menschwerdung hat Jesus uns neues Leben aus Gott eingeflößt. – So hat der berühmte Origenes aus Alexandria im 2. Jahrhundert n.

Chr. die Geschichte zuerst ausgelegt. Da ist also nicht mehr die Rede nur vom leiblichen Tod. Die Totenerweckung wird zugleich ein Vorbild für die geistliche Erweckung.

Das Ende ist Anbetung

»*Und er ging hinein und schloss die Tür zu für sie beide.*« Wer dem Herrn Jesus angehört, dem sind Menschen auf die Seele gelegt, für deren Erweckung er beten soll. Da können wir nun von Elisa lernen:

Er schließt sich mit dem Toten ein. So können wir uns mit einem geistlich Toten einschließen ins »Kämmerlein«. Der braucht gar nicht anwesend zu sein. Wir können uns doch vor Gott mit ihm einschließen. Das Gebet Elisas zeigt, dass solch ein Fürbittengebet ein Kampf ist, eine große und beschwerliche Sache. A. M. Hodgkin schreibt dazu:

»Elisa legte sich auf das Kind, seinen Mund auf den Knaben Mund, seine Augen auf dessen Augen usw. Darin erkennen wir das Geheimnis der gänzlichen Abhängigkeit von Gott, des wirksamen Gebets, des persönlichen Einflusses. Es stellt uns vor Augen, wie viel es kostet, um eine Seele zu gewinnen. Elisa gab gewissermaßen sein eigenes Leben dar, wie Paulus sich bereiterklärte, ›euch nicht nur das Evangelium mitzuteilen, sondern auch unsre Seelen ...‹«

»... *und beugte sich nieder zur Erde.*« Das Ende der Geschichte ist Anbetung. Das ist der rechte Schluss jeder Einzelgeschichte und zugleich der rechte Schluss der Weltgeschichte: Anbetung unseres Herrn! »... dass in dem Namen Jesu sich beugen sollen aller Knie ...«

Der Tod im Topf

2.Könige 4,38-41: Da aber Elisa wieder gen Gilgal kam, ward Teuerung im Lande, und die Kinder der Propheten wohnten vor ihm. Und er sprach zu seinem Diener: Setze zu einen großen Topf und koche ein Gemüse für die Kinder der Propheten. Da ging einer aufs Feld, dass er Kraut läse, und fand wilde Ranken und las davon Koloquinten sein Kleid voll; und da er kam, schnitt er's in den Topf zum Gemüse, denn sie kannten's nicht. Und da sie es ausschütteten für die Männer, zu essen, und sie von dem Gemüse aßen, schrieen sie und sprachen: O Mann Gottes, der Tod im Topf! denn sie konnten's nicht essen. Er aber sprach: Bringet Mehl her! Und er tat's in den Topf und sprach: Schütte es dem Volk vor, dass sie essen! Da war nichts Böses in dem Topf.

In unserem Kapitel werden uns eine Reihe von Wundertaten berichtet, die Gott durch Seinen Propheten Elisa tat. Der war ein einfacher Bauer. Aber er war lange mit seinem Meister Elia zusammen gewesen. Bei ihm hatte er viel gelernt von der Weisheit Gottes und vom Geheimnis Seines Reiches. Vor allem aber: Er war erfüllt mit dem Heiligen Geist, dass er – wie Paulus – predigte »in Beweisung des Geistes und der Kraft«. Die Wundertaten, von denen unser Kapitel berichtet, erstreckten sich über einen langen Zeitraum. So war wohl wichtiger, was Elisa predigte. Leider ist uns davon kaum etwas überliefert.

In der vorigen Geschichte trafen wir Elisa hoch im Norden. Nun ist er in Gilgal, im Süden des Landes, etwas nördlich vom Toten Meer. Welche Wege hat dieser Mann zurückgelegt! Von ihm hieß es: »Der Eifer um dein Haus hat mich gefressen.« Auch darin gleicht er dem Herrn Jesus, von dem dies Wort ja gesagt ist. Und die großen Nachfolger unseres Herrn hatten denselben Eifer. Wie viel Kilometer hat zum Beispiel der Apostel Paulus zu Fuß zurückgelegt auf seinen Missionsreisen! Bei uns heute findet sich weithin leider mehr Gemütlichkeit als Eifer.

Teure Zeit

Teuerung gehört zu den Gerichten Gottes. Elisa hat die Zeit des Elia miterlebt, in der eine besonders harte Teuerung war. Teuerung nennt Jesus unter den Gerichtszeichen der »letzten Zeit«. Das Gegenstück dazu, ein Zeichen besonderer Geduld Gottes, ist es, wenn Er Speise gibt. Paulus sagte in Lystra den Heiden (Apostelgeschichte 14,17):

»Gott hat sich nicht unbezeugt gelassen, hat uns viel Gutes getan und vom Himmel Regen und fruchtbare Zeiten gegeben, unsre Herzen erfüllt mit Speise und Freude.«

Darum danken Kinder Gottes dem himmlischen Vater täglich für »Speise und Freude«. *Die Kinder der Propheten wohnten vor ihm.*« Hier treffen wir sie wieder, die Prophetenkinder, von denen (2.Könige 2,15-18) bereits die Rede war. Der Ausdruck »wohnten vor ihm« gibt nicht ganz wieder, was nach dem hebräischen Text gemeint ist. Wir müssen besser sagen: »Sie saßen vor ihm.« Sie hatten sich um den Propheten versammelt, um dem Wort Gottes zuzuhören, das er ihnen zu sagen hatte. Die »Predigt« dieses Wortes und die »Versammlung« der Glaubenden hat zu allen Zeiten bis heute eine große Rolle im Glaubensleben gespielt. Dazu zwei Bibelworte:

> »Lasst uns nicht verlassen unsere Versammlung, wie etliche pflegen« und: »Der Glaube kommt aus der Predigt, das Predigen durch das Wort Gottes« (Hebr. 10,25 und Röm. 10,17).

Wenn ein Weltmensch diese Versammlung gesehen hätte, würde er sicherlich gespottet haben: »Habt ihr Narren in dieser Hungerszeit nichts Besseres zu tun, als einer Prophetenpredigt zuzuhören?« Darauf hätten diese Leute wohl geantwortet: »Wir wollen nicht zu denen gehören, denen der Bauch ihr Gott ist (so hat es Paulus einmal ausgedrückt); wir wissen und glauben: Der Mensch lebt nicht vom Brot allein (so hat es Jesus selbst gesagt).«
»*Setze zu einen großen Topf* (auf das Feuer) *und koche Gemüse.*« Wir können die Weltmenschen beruhigen. Auch ein Prophet lebt nicht auf dem Mond. Er weiß, dass der Mensch auch vom Brot lebt. Darum sorgt der Mann Gottes für die ihm Anbefohlenen wie ein rechter Hausvater.
In Vers 39 erhalten wir einen Eindruck von der

Armut dieser kleinen Gemeinde. Man lebte von dem, was wild auf dem Felde wuchs. Entweder waren diese Männer von Haus aus arm. Oder sie hatten sich in ihrer eigenartigen Gemeinschaft zu einem Leben der Entsagung entschlossen.

»*Er las Koloquinten ...*« Die Ausleger haben sich ziemlich vergeblich gemüht, herauszubekommen, was denn das für ein Gemüse gewesen sei. Jedenfalls war es bitter. Für die Menschen damals gehörten die Begriffe »bitter« und »Tod« zusammen. Sirach sagt: »O Tod, wie bitter bist du!« Und der Prediger Salomo sagt von den verführerischen unkeuschen Frauen: »Ich fand, dass bitterer sei denn der Tod eine solche Frau.« Vielleicht aber auch war das unbekannte Gemüse wirklich giftig. Manche Ausleger nennen eine Art Gurken, deren Genuss die Menschen sehr krank machte.

»*...der Tod im Topf!*« So schrien die Leute entsetzt. Dieser Ausdruck hat in der Christenheit eine besondere Bedeutung gewonnen. Wie oft heißt es: »Bei uns in der Gemeinde wird zwar viel veranstaltet. Aber das ändert in keiner Weise, dass der Tod im Topf ist.« In diesem Sinn hat der Ausdruck der Prophetenkinder Eingang in unsere Sprache gefunden.

O ja, es gibt Predigten und Versammlungen,

bei denen der Tod im Topf ist. Da wird viel Gelehrsamkeit geboten, da wird Bibelkritik getrieben, da werden geistvolle Zeitdiagnosen gestellt – aber die hungrigen Seelen bekommen keine Nahrung. Sie bleiben leer und hungrig. Da ist der Tod im Topf.

Sechs Hilfen zur Auslegung

»*Er tat das Mehl in den Topf. Da war nichts Böses in dem Topf.*« Hier ist so mancherlei zu sagen, dass wir einfach aufzählen wollen:

1. David sagt in einem seiner Psalmen: »Siehe, des Herrn Auge sieht auf die, die ihn fürchten, die auf seine Güte hoffen, dass er ihre Seele errette vom Tode und ernähre sie in der Teuerung.« Dies Wort gilt – damals und zu allen Zeiten!

2. Der Herr bestätigt Seinen Propheten. Die Propheten sind eine besondere Gattung in der Haushaltung Gottes. Mit den Aposteln zusammen bilden sie das Fundament der Kirche. Ihr Zeugnis, das wir in der Bibel haben, ist der Grund, auf dem gebaut werden muss. Jesus Christus ist der Eckstein. So beschreibt es Paulus in Eph. 2,20. Nun legitimiert der Herr Seinen Propheten vor der Versammlung der Gläubigen.

3. Wir aber sollen vorsichtig sein mit Wundern. Denn die Offenbarung des Johannes sagt uns,

dass am Ende der Antichrist und der »falsche Prophet« Wunder tun werden. Da auch die Zauberer des Königs Pharao Wunder tun konnten, sind Wunder nicht unter allen Umständen Ausweise, mit denen man sich vor der Gemeinde als von Gott gesandt legitimieren kann.

4. Hier ist der Prophet Vorbild auf Jesus. Wie Elisa das Volk satt macht, so hat der Heiland die 4000 gespeist. Und so speist Er heute viele mit dem Brot des Lebens.

5. Auch das Mehl können wir ansehen als einen Hinweis auf den Herrn Jesus. Er vergleicht sich ja selber mit dem Weizenkorn und dem Brot. Das Mehl machte das Ungenießbare zu einer guten Mahlzeit. Wo Jesus hinkommt, wird das Ungenießbare gut. Wie viel Kranke können bestätigen: »Ich war verzweifelt in meiner Krankheit. Aber Jesus machte sie zu einer Segenszeit für mich.« Ich kann das auch bezeugen: Die Zeiten, die ich in den Gefängnissen des Nazi-Reiches zubrachte, waren schrecklich. Aber Jesus machte sie zu den gesegnetsten Wochen meines Lebens. Er selbst war das hineingeschüttete Mehl, das den »Tod« aus dem »Topf« nahm.

6. Wir selber sollten solches »Mehl« sein! Hodgkin sagt: »In der Art, wie das vergiftete Gemüse wieder genießbar wurde, sieht man,

wie ein Christ die ihn umgebende Atmosphäre heilsam beeinflussen kann durch Einführung wirklicher Kräfte des Guten.«

Lebendige Gemeinde

2.Könige 4,42-44: Es kam aber ein Mann von Baal-Salisa und brachte dem Mann Gottes Erstlingsbrot, nämlich zwanzig Gerstenbrote, und neues Getreide in seinem Kleid. Er aber sprach: Gib's dem Volk, dass sie essen! Sein Diener sprach: Wie soll ich hundert Mann von dem geben? Er sprach: Gib dem Volk, dass sie essen! Denn so spricht der Herr: Man wird essen, und es soll übrig bleiben. Und er legte es ihnen vor, dass sie aßen; und es blieb noch übrig nach dem Wort des Herrn.

In dieser Geschichte nun sehen wir eine »Gemeinde« des lebendigen Gottes, wie sie das Neue Testament schildert. Wir wollen uns das so klarmachen, dass wir einige Anweisungen an die Gemeinden aus dem Neuen Testament gleichsam wie Scheinwerfer auf unsere Geschichte richten.

»Nehmet euch der Notdurft der Heiligen an« (Röm. 12,13).

Zunächst müssen wir feststellen, dass es sich hier um einen gottesfürchtigen Mann aus Israel handelte, dem das Gesetz Gottes ins Herz geschrieben war. Im Gesetz Gottes war die Anweisung an die Priester ergangen: »Die erste Frucht, die sie dem Herrn bringen von allem, was im Lande ist, soll dein sein. Wer rein ist in deinem Hause, soll davon essen.« Aber als das Nordreich Israel unter dem König Jerobeam sich von Juda trennte, da löste Jerobeam alle Ordnungen des Gottesdienstes auf. Er richtete eigene Heiligtümer mit Götzenbildern ein. Und – so sagt die Bibel -: »Er machte Priester aus allem Volk, die nicht vom Stamme Levi waren.« (Die Priester sollten immer aus dem Stamm Levi sein.) Es gab also in Israel keine legitimen Priester mehr.

Da hat nun dieser unbekannte Mann geistlich klug gehandelt. Er wollte nicht einfach sich drücken vor dem gebotenen Erstlingsopfer. Er wollte aber auch nicht den falschen Priestern seine Gaben bringen. So brachte er sie dem Mann Gottes Elisa, der die Fahne des rechten Glaubens hochhielt.

Damit wandelte er in den Linien der neutestamentlichen Gemeinde. Da lobt Paulus die Gemeinde in Philippi: »Ich bin aber höchlich erfreut in dem Herrn, dass ihr wieder wacker geworden seid, für mich zu sorgen ... Nicht, dass ich das Geschenk suche, sondern ich suche die Frucht …« An die Gemeinde in Galatien schreibt er: »Der aber unterrichtet wird mit dem Wort, der teile mit allerlei Gutes dem, der ihn unterrichtet.«

So brachte der unbekannte Mann nun dem Propheten, was er den Priestern nicht geben konnte und wollte. Er nahm sich der »Notdurft der Heiligen« an.

Aber es geht ja dabei nicht nur um Propheten, Apostel, Prediger und Unterrichter. »Ich suche die Frucht«, sagte Paulus. Was heißt das?

»Die Frucht des Geistes ist Liebe« (Gal. 5,22).

Welch ein liebliches Gemeindebild? Überall in der Gegend von Gilgal ist Not und Hunger. Da kommt nun dieser Mann eine beträchtliche Strecke zu Fuß daher und schleppt sich mit einer großen Last von Liebesgaben ab. Wir wissen nicht, wie er heißt. Aber der Heilige Geist hat ihm gewissermaßen ein Denkmal gesetzt in unserem Bibeltext und ihn uns hingestellt als ein Vorbild.

Die Bibel nennt diese Reihenfolge: Bruderliebe – allgemeine Liebe. Solche geistgewirkte Liebe besteht nicht in Worten und Gefühlen, sondern in der Tat. Das Neue Testament sagt: »Einer trage des andern Last, so werdet ihr das Gesetz Christi erfüllen.« Im Brief an die Hebräer lesen wir: »Wohlzutun und mitzuteilen vergesset nicht. Denn solche Opfer gefallen Gott wohl.« Und noch einmal der Brief an die Gemeinden in Galatien: »Lasset uns Gutes tun an jedermann, allermeist aber an des Glaubens Genossen.«

Sehen wir nun auf den Propheten Elisa: Er hat nicht gejammert, als es sehr arm herging. Er konnte mit Paulus und allen Heiligen sprechen: »Ich habe gelernt, worin ich bin, mir genügen zu lassen. Ich kann satt sein und hungern, beides, übrig haben und Mangel leiden. Ich vermag alles durch den, der mich mächtig macht, Christus.« Aber doch freute ihn sicher dies rührende Geschenk des Mannes.

»Niemand suche das Seine, sondern ein jeglicher, was des andern ist« (1.Kor. 10,24).

Welch edle Haltung sehen wir nun bei Elisa. Er hatte bestimmt Hunger. Hunger macht gemein. Da kann der Mensch wie ein Tier werden und alle andern beiseiteschieben. Elisa handelt anders. Nicht ein Stücklein von dem Brot nimmt er für sich. Er sieht die hungrigen »Propheten-Kinder« um sich her und sagt seinem Gehilfen Gehasi: »*Gib's dem Volk, dass sie essen!*« Nicht »Ich!« heißt es bei ihm, sondern »Die andern!« Was muss da im Herzen für ein

Sterben des eigenen »Ich« vorgegangen sein, dass man so handeln kann!

Es ist auffällig, dass der Satz, den wir über diesen Abschnitt geschrieben haben, noch einmal im Neuen Testament vorkommt. An die Gemeinde in Philippi schreibt Paulus: »Ein jeglicher sehe nicht auf das Seine, sondern auf das, was des andern ist.«

»Wachset in der Gnade und Erkenntnis unsers Herrn und Heilandes Jesus Christus« (2.Petr. 3,18).

An die Gemeinde in Thessalonich schrieb Paulus: »Euer Glaube wächst sehr.« Das ist schön! Offenbar war es bei den Leuten, an die Petrus schrieb, anders. Er muss sie ermahnen, nicht zurückzubleiben: »Wachset …!« So gibt es in der Gemeinde immer Leute, die nicht recht mitkommen, deren Glaubensleben kümmerlich bleibt, die man ermahnen muss: »Wachset!«

Vers 43: In dem Diener des Propheten sehen wir solch einen zurückgebliebenen Christen. Der Prophet des Herrn und der Mann aus Baal-Salisa haben begriffen, dass der Herr ein Zeichen tun will. Nur der Gehasi bleibt bei seiner armen Vernunft-Erkenntnis und sagt spöttisch: *»Wie soll ich hundert Mann von dem geben?"*

»*Von dem*«, sagt er und zeigt lächelnd auf die paar Brote und auf das Getreidehäuflein. Er ist ja so klug und vernünftig! Aber von der Macht des Herrn hat er keine Ahnung. Er ist einfach im Glauben »zurückgeblieben«.

»Der Herr bekräftigte das Wort durch mitfolgende Zeichen« (Mark. 16,20).

Frühlingstage der Gemeinde, von denen Markus spricht! Das Wort Gottes war reichlich zu hören. Und der Herr »bekräftigte es durch Zeichen«. So war es auch in der lieblichen Gemeinde in Gilgal.

Der Prophet hat ein Wort Gottes. Das sagt er jetzt. Es heißt: »*Man wird essen, und es soll übrig bleiben.*« Und nun: »*… sie aßen; und es blieb noch übrig nach dem Wort des Herrn.*« Der Prophet war kein Schwätzer, der seine eigenen religiösen Theorien und theologischen Ideen auf den Markt brachte. Er hatte ein Wort vom Herrn. Und dazu bekannte sich der Herr. Das ist das Kennzeichen der Gemeinde: Sie hat das Wort des Herrn. Und der Herr bekennt sich dazu. Wenn man das hört und sieht, muss man ja heute schreien:

O bessre Zions wüste Stege
und, was dein Wort im Laufe hindern kann,

das räum, ach räum aus jedem Wege;
vertilg, o Herr, den falschen Glaubenswahn
und mach uns bald von jedem Mietling frei,
dass Kirch' und Schul' ein Garten Gottes sei.

Die Geschichte vom Feldhauptmann Naeman

2.Könige 5,1-7: Naeman, der Feldhauptmann des Königs von Syrien, war ein trefflicher Mann vor seinem Herrn und hoch gehalten; denn durch ihn gab der Herr Heil in Syrien. Und er war ein gewaltiger Mann und aussätzig. Die Kriegsleute aber in Syrien waren herausgefallen und hatten ein junges Mädchen weggeführt aus dem Lande Israel; die war im Dienst der Frau Naemans. Die sprach zu ihrer Frau: Ach, dass mein Herr wäre bei dem Propheten zu Samaria! der würde ihn von seinem Aussatz losmachen. Da ging er hinein zu seinem Herrn und sagte es ihm an und sprach: So und so hat das Mädchen aus dem Lande Israel geredet. Der König von Syrien sprach: So zieh hin, ich will dem König Israels einen Brief schreiben. Und er zog hin und nahm mit sich zehn Zentner Silber und sechstausend Goldgulden und zehn Feierkleider und brachte den Brief dem König Israels, der lautete also: Wenn dieser Brief zu dir kommt, siehe, so wisse, ich habe meinen Knecht Naeman zu dir gesandt, dass du ihn von seinem Aussatz losmachest. Und da der König Israels den Brief las, zerriss er seine Kleider und sprach: Bin ich denn Gott, dass ich töten und lebendig machen könnte, dass er zu mir schickt, dass ich den Mann von seinem Aussatz losmache? Merket und sehet, wie sucht er Ursache wider mich!

Ein armer reicher Mann

Welch ein reicher, glücklicher und beneidenswerter Mann war doch dieser Naeman! Er hatte, was so viele sich von Herzen ersehnen: eine hohe Stellung: »*Feldhauptmann des Königs von Syrien.*« Der höchste Offizier in dem kriegerischen Syrervolk! Und: Er war in großer Gunst bei seinem König: »*. . . ein trefflicher Mann vor seinem Herrn und hoch gehalten.*« Ferner: Er war ein erfolgreicher Mann: »*Durch ihn gab der Herr Heil in Syrien.*« Dass ›der Herr‹ Seine Hand im Spiel hatte in seinem Leben, das wusste dieser Mann allerdings noch nicht. Weiter: »*Er war ein gewaltiger Mann.*« Wir könnten sagen: Er war ein Held. Und an äußeren Gütern wird es in seinem Hause sicher auch nicht gefehlt haben. Wir hören später, dass es ihm keine Mühe machte, wertvolle Geschenke auf die Reise zu dem Propheten mitzunehmen.

Dieser Naeman wäre also wirklich ein beneidenswerter Mann, wenn da nicht noch ein Wörtlein stünde, das gleichsam die bisherige Aufzählung auswischt: »... *und aussätzig.*« D. Paul Humburg sagt in seinem Such »Allerlei Reichtum« hierzu:

> »Ein furchtbares ›Und‹, das zwei Welten miteinander verband. Gewaltig – das war eine Welt voll Glanz. Und aussätzig – das war eine Welt voll Elend und Hoffnungslosigkeit. Gewaltig – das war der Schein. Und aussätzig – das war die Wirklichkeit. Und Naeman lebte in beiden Welten. Aber mit seiner innersten Seele lebte er eigentlich nur in der Welt seines Elends. Keine Frage aus der Welt seines Berufes und seines Amtes hat ihn entfernt so gequält wie die Frage, ob er wohl loskommen könnte von seiner Krankheit ... Schließlich kannte er nur noch dies eine Wort: Aussatz ...«

Armer reicher Naeman! Er erfährt: Wir leben nicht mehr in der Welt, wie sie aus Gottes Hand hervorgegangen ist. Durch die Urkatastrophe, den Sündenfall, ist unsere Welt voll Jammer und Elend geworden.
»... und aussätzig.« Es mag uns verwundern, dass der Aussätzige noch in seinem Hause le-

ben und als Feldhauptmann Dienst tun durfte; denn wir wissen aus den biblischen Berichten, dass die Aussätzigen sich fern von den Ansiedlungen der Gesunden aufhalten mussten. Vielleicht hatten die Syrer in dieser Hinsicht weniger strenge Gesetze als das Volk Israel. Vielleicht aber galten für diesen mächtigen Mann auch andere Regeln als für das gemeine Volk.

Ein erleuchtetes und einige unerleuchtete Herzen

In den Versen 2 und 3 hören wir von einem jungen Mädchen, an dem das Wort Jesu wahr wurde: »Ihr seid das Licht der Welt.« Es hatte einen schweren Lebensweg: »*Die Kriegsleute hatten ein junges Mädchen weggeführt.*« Wie viel Jammer und Leid enthält dieser Satz! Für uns ist es wichtig zu hören, wie diese Sklavin aus dem Volk Gottes sich im Heidenland bewährte.

Sie hielt sich an das Zeugnis des Propheten Elisa. »*Ach, dass mein Herr wäre bei dem Propheten zu Samaria!*«, sagte sie zu ihrer Herrin. In Israel war damals viel Gottlosigkeit. Die Könige in Samaria gingen ihrem Volk mit schlechtem Beispiel voran. Überall drang der Geist des Heidentums in das Volk Gottes ein. Und Elisa, der Prophet, war oft sehr einsam.

Dies Mädchen war wohl unter die Gewalt seiner Predigt gekommen. Es glaubte seinem Zeugnis vom lebendigen, wahren, geoffenbarten Gott, der unser Helfer und Heiland ist. Das Wort, das die Sklavin zu ihrer Herrin sagte, zeigt, dass sie auch im fremden Land an ihrem Glauben festhielt. Das mag ihr nicht leicht geworden sein in der heidnischen Umgebung, inmitten heidnischer Sitten. Aber sie bewies, dass ein Kind Gottes nicht ein Produkt seiner Umgebung ist, sondern dass es seine Umgebung umwandelt.

Wir dürfen hier nachträglich hineinsehen in den Rat Gottes. Vermutlich lange vor der Erkrankung Naemans hatte Gott dies junge Mädchen dazu bestimmt, dem Syrer den Weg zum Propheten Gottes und zum Herrn selber zu weisen. Welch feiner Plan Gottes! Das Mädchen muss durch viel Leid gehen, damit Naeman den Weg zum Leben findet. Gott hat Böses und Gutes vorausgesehen und sorgt dafür, dass alles zum besten dient. Wenn wir doch nicht immer so schnell murren wollten gegen Gottes Führungen! Es braucht Geduld, bis man am Ende erkennt: Er hat alles wohlgemacht!

Die junge Sklavin bewies sich wirklich als Jüngerin ihres Gottes. Sie hätte voll Bitterkeit sein müssen gegen den Feldherrn der Soldaten, die sie, die Unschuldige, aus dem Elternhaus rissen. Welch finsterer Hass hätte nach unserer Meinung in ihrem Herzen gegen Naeman brodeln müssen! Stattdessen wünscht sie ihm Heilung und weist ihm den Weg dazu. Es ist, als hätte sie Jesu Wort gekannt (Matth. 5,44):

»Liebet eure Feinde!«

Wie beschämt dies Mädchen viele Christen, die noch hassen, die noch einem andern »böse« sein können! In ihm regierte der Geist Gottes, dessen Frucht die Liebe ist (Gal. 5,22). Wir kennen nicht den Namen der Sklavin. Aber er ist in den Büchern Gottes eingeschrieben; denn der Herr kennt Seine Leute, auch wenn sie versprengt und einsam sind.

Wir sehen nun Naeman, wie er den Syrerkönig aufsucht und um die Erlaubnis bittet, nach Israel reisen zu dürfen. Wohlversehen mit dem Empfehlungsschreiben seines Herrn und mit viel kostbaren Geschenken zieht der Feldherr dann mit großem Gefolge los.

Wir wollen hier gleich vorweg bemerken: Hatte der Naeman bisher gelernt, dass er selbst sich nicht heilen und dass kein Arzt ihm helfen konnte, so musste er jetzt weiter lernen, dass man die Heilung nicht kaufen kann mit Gold und Schätzen, dass auch kein Mächtiger dieser Erde sie schenken kann.

In der Bibel wird der Aussatz oft als Bild genommen für unsere Unreinigkeit vor Gott, für unsere Sünde. Und da gilt nun das gleiche, was wir gerade feststellten: Wir können uns nicht selbst die Sünden vergeben, wir können sie auch nicht kaufen mit viel Geld. Kein Mensch auf dieser Erde kann uns Sünde vergeben.

In den Versen 6 und 7 sehen wir eine grenzenlose Verwirrung. Da ist zunächst der König Israels. Er weiß genau, dass nur der Herr Himmels und der Erde »töten und lebendig machen« kann. Welch eine Erkenntnis! Und doch gehört dieser König nicht dem wahren Gott an, sondern folgt den Göttern der Heiden. Weiter sehen wir hier, wie Kriege entstehen können: aus Angst und Misstrauen. *»Merket und sehet, wie sucht er Ursache wider mich!«* Einer traut dem andern nicht. Darum rüstet man Heere. So war es damals, so ist es heute noch. Christen sollten auch darin Friedenskinder sein, dass sie bei sich selber zuerst einmal das Misstrauen und die Furcht abbauen.

Kehren wir zurück zu dem armen reichen Naeman! Er hatte noch keine Ahnung vom lebendigen Gott. Er konnte sich nicht denken, dass die Hilfe bei einem geringen Propheten zu suchen war. Zwar hatte seine junge Sklavin vom Propheten in Samaria gesprochen. »Aber wie sollte bei einem so verachteten und geringen Mann Hilfe sein?«, dachte wohl der stolze Feldhauptmann – und zog zum König.

Es gibt einen, der noch viel verachteter und geringer geworden ist als Elisa, nämlich den Sohn Gottes. Jesaja sagt von ihm (53,3f):

> »Er war der Allerverachtetste und Unwerteste, voller Schmerzen und Krankheit. Er war so verachtet, dass man das Angesicht vor ihm verbarg; darum haben wir ihn nicht geachtet. – Er trug unsre Krankheit und lud auf sich unsre Schmerzen.«

Das kann die blinde Vernunft nicht fassen, dass bei diesem Verachteten alle Hilfe zu finden ist. Der Herr öffne uns die Augen für Jesus!

Auf hohem Ross

2.Könige 5,8-11: Da das Elisa, der Mann Gottes, hörte, dass der König Israels seine Kleider zerrissen hatte, sandte er zu ihm und ließ ihm sagen: Warum hast du deine Kleider zerrissen? Lass ihn zu mir kommen, dass er innewerde, dass ein Prophet in Is-

rael ist. Also kam Naeman mit Rossen und Wagen und hielt vor der Tür am Hause Elisas. Da sandte Elisa einen Boten zu ihm und ließ ihm sagen: Gehe hin und wasche dich siebenmal im Jordan, so wird dir dein Fleisch wieder erstattet und rein werden. Da erzürnte Naeman und zog weg und sprach: Ich meinte, er sollte zu mir herauskommen und hertreten und den Namen des Herrn, seines Gottes, anrufen und mit seiner Hand über die Stätte fahren und den Aussatz also abtun.

Die Enttäuschung

Naeman aus Syrien hatte sich aus der Dumpfheit seines Heidentums aufgemacht, um den Propheten Gottes zu finden. Nun war er zum König von Israel gekommen und merkte, dass er an die falsche Adresse geraten war.
Wie viel Umwege machen wir oft, ehe wir den wirklichen Helfer und Heiland finden! Das Menschenherz erhofft eben alle Hilfe bei den menschlichen Schwerpunkten, bei Königen, Mächtigen, einflussreichen Leuten, bei Gelehrten, Modepredigern, Berühmtheiten. Zu denen wird der Mensch hingezogen – und am Ende enttäuscht. Nun hat Gott aber auch göttliche, geistliche Schwerpunkte in die Welt gestellt: Seine Propheten, die Apostel Jesu Christi, auch vollmächtige Seelsorger, un-

bestechliche Zeugen der Wahrheit. Und der wichtigste Schwerpunkt ist der Sohn Gottes selbst, unser Herr Jesus Christus. Es ist das eigentümliche Kennzeichen dieser göttlichen Schwerpunkte, dass sie verachtet und gering sind. Paulus schreibt im Brief an die Korinther (1.Kor. 1,26):

»Nicht viel Weise nach dem Fleisch, nicht viel Gewaltige, nicht viel Edle ...«

»*Da das Elisa hörte* ...« Verwirrung am Königshof! Der Prophet Gottes aber erkannte, warum dieser Naeman gekommen war. Der geistlich erleuchtete Blick sieht die Verzweiflung der Verzweifelten und das Verlangen der Hilfsbedürftigen.
Nun sandte Elisa einen Boten zum König: »*Lass ihn zu mir kommen, dass er innewerde, dass ein Prophet in Israel ist.*« Hier ist der Prophet ein Vorbild und Abbild unseres Heilandes. Der ruft (Matth. 11,28):

»Kommet her zu mir alle, die ihr mühselig und beladen seid. Ich will euch erquicken.«

»*Also kam Naeman mit Rossen und Wagen und hielt vor der Tür.*« Das Haus, in dem Elisa wohnte, war sicher kein Palast, sondern eher eine armselige Hütte. Man spürt dem Bericht ab, wie ungeduldig und enttäuscht der große Feldherr war. Man hört ihn geradezu murmeln: »Was soll ich hier bei diesem armseligen Mann aus Israel? Ich habe es ja im Grunde gleich befürchtet, dass hier nichts an Hilfe zu holen ist.« Und dann ruft er, es möge einer seiner Diener aus dem glänzenden Tross den so genannte Propheten herholen. Dabei bleibt er auf seinem hohen Ross oder auf seinem Reisewagen sitzen. Seine Ungeduld aber wird zum Zorn, als der Diener ohne den Propheten zurückkommt und nur dessen Knechtlein erscheint: »*Gehe hin und wasche dich siebenmal im Jordan.*«

Warum kam Elisa nicht aus dem Haus, um Naeman zu begrüßen? Die Bibel sagt doch auch: »Ehre, dem die Ehre gebührt!« (Röm. 13,7). In der Geschichte vom »verlorenen Sohn« (Lukas 15) eilte der Vater dem Sohn entgegen, als er ihn in seiner Niedrigkeit ankommen sah. Und wie ist der heilige Gott selber den Sündern entgegengeeilt in Jesus, Seinem Sohn! Hat der Elisa hier vielleicht doch in ungeistlichem Stolz gehandelt? Ich meine nicht. Ich bin überzeugt, dass er im Auftrag und unter der Führung seines Herrn handelte. Die Ausleger haben mancherlei Gründe genannt: Vielleicht wollte er dem großen Mann deutlich machen, dass seine Rosse und Wagen, dass all dieser fürstliche Prunk ihn nicht blende. Elisa ist ein innerlich freier Mann. Vielleicht auch wollte er dem Feldhauptmann zu verstehen geben, dass er, der Prophet, nicht heilen könne, dass die Hilfe von einem andern komme, von dem Herrn, der Himmel und Erde gemacht hat und dem es ein Kleines ist, auch den hoffnungslos Aussätzigen zu heilen.

Nun, das alles mag mitgespielt haben. Der Hauptgrund aber scheint mir zu sein: Naeman fühlte sich noch immer als der große Mann. Er saß »auf dem hohen Ross«. Sein Herz war hoffärtig. Er war noch nicht gedemütigt im Gericht Gottes. In der Bibel aber heißt es (1.Petr. 5,5):

»Gott widersteht den Hoffärtigen.«

Und in Psalm 34,19 steht:

»Der Herr ist nahe bei denen, die zerbrochenen Herzens sind, und hilft denen, die ein zerschlagenes Gemüt haben.«

So weit war Naeman noch nicht. Wie das Angesicht des Elisa vor Naeman verborgen blieb, so bleibt das gnädige Angesicht Jesu vor denen verborgen, die stolz sind in ihren Herzen. »*Wasche dich siebenmal im Jordan.*« Manche Ausleger wollen hierin einen Hinweis auf die Taufe sehen. Andere deuten so: der Jordan sei ein Zeuge der Gnadenerweisungen Gottes. Diesen Fluss hatte der Herr selber gestaut, damit Sein Volk hindurchziehen konnte. Nun, ich meine, das Wasser des Jordan sei hier ein Hinweis und Vorbild auf den Strom, von dem eines der Erweckungslieder singt:

Das Wasser des Lebens, das ist diese Flut.
Durch Jesum ergießet sie sich …

»Ich meinte …!«

Hätte Elisa Großes von Naeman gefordert: riesige Geldgaben, mühselige Reinigungszeremonien – der Feldhauptmann hätte sich sicherlich allem willig unterzogen, genauso wie der unerleuchtete Mensch unserer Tage gern alle möglichen religiösen Übungen auf sich nimmt und zu großen Opfern bereit ist. Aber in das Evangelium von der freien Gnade Gottes, der Seinen Sohn in die Welt gesandt hat, dass wir durch Ihn leben sollen, – in dies Evangelium kann sich der Mensch nicht finden. Luther sagt:

»Die Welt will unserm Gott den Himmel abgewinnen, abverdienen und abkaufen, da Er doch lässt ausschreien durch die ganze Welt: Ich will euer Gott sein; aus Gnaden will ich's euch geben, und umsonst will ich euch selig machen.«

»Und er sprach: Ich meine, er sollte ...« So spricht die Vernunft, die vom göttlichen Geist noch nicht erleuchtet ist.
Der König Saul meinte, der Herr habe mehr Lust am Brandopfer als am Gehorsam (1.Samuel 15,22). Der König Sanherib meinte, es sei ihm ein Leichtes, die Stadt Gottes Jerusalem einzunehmen, so dass er den Glauben des frommen Königs Hiskia verhöhnte: »Meinst du, es sei noch Rat und Macht zu streiten?« (2.Kön. 18,20). In Psalm 10,4 heißt es: »Der Gottlose meint in seinem Stolz, Gott frage nicht danach; in allen seinen Tücken hält er Gott für nichts.« In Psalm 50,21 straft der Herr selbst dies »Meinen« der Vernunft: »Ich schweige; da meinst du, ich werde sein gleich wie du.« Die Vernunft verachtet die Botschaft von den Gerichten Gottes. Jesaja sagt (23,8): »Wer hätte das gemeint, dass es Tyrus, der Krone, so gehen sollte, so doch ihre Kaufleute Fürsten sind?« Immer neu wendet sich Gott gegen das

Meinen der unerleuchteten Vernunft. So sagt er in Jes. 57,11 und Jer. 23,24: »Meinst du, ich werde allewege schweigen, dass du mich so gar nicht fürchtest?« – »Meinst du, dass sich jemand so heimlich verbergen könne, dass ich ihn nicht sehe?« »Meinst du, dass ich Gefallen habe am Tode des Gottlosen und nicht vielmehr, dass er sich bekehre von seinem Wesen und lebe?« (Hes. 18,23).

Selbst Knechte Gottes müssen sich von ihrem ungeistlichen Meinen wegbekehren, so der Prophet Jona, der meinte, er könne Gott weglaufen. Später fragt ihn der Herr: »Meinst du, dass du mit Recht zürnst?« (Jona 4,4). Dem Jünger Petrus muss Jesus sagen (Matth. 16,23): »Du meinst nicht, was göttlich, sondern was menschlich ist.« Paulus bekennt, wie sehr ihn sein falsches Meinen in die Irre geführt hat (Apostelgesch. 26,9): »Zwar meinte ich auch bei mir selbst, ich müsste viel zuwider tun dem Namen Jesu von Nazareth ...«

Dies sind ein paar von vielen Bibelstellen, aus denen deutlich wird: Das Wort der Wahrheit ist in einem beständigen Kampf gegen das natürliche Meinen bei Weltmenschen und auch bei Gotteskindern.

»Ich meinte ...«, klagt Naeman. Er weiß noch nicht, dass der Herr sagt (Jes. 55,8):

»Meine Gedanken sind nicht eure Gedanken.«

Darum erklärt der Apostel Paulus einmal, er wolle gefangennehmen »alle Vernunft unter den Gehorsam Christi« (2.Kor. 10,5).
Der Feldherr Naeman zog im Zorn weg vom Haus des Elisa, weil er seine eigenen Gedanken gegen die Gedanken Gottes setzte: »Ich meinte ...« So wendet sich der natürliche Mensch zu allen Zeiten weg vom Evangelium: »Ich meinte, der Mensch sei im Grunde gut. Jedenfalls meinte ich das von mir. Nun sagt das Evangelium, das Denken und Trachten des Menschenherzens sei böse von Jugend auf.« – »Ich meinte, Gott nehme es nicht so genau. Nun sagt die Bibel, Er sei ein Richter sogar der Gedanken.« – »Ich meinte, Jesus sei ein Mensch wie wir, wenn auch ein besserer. Nun erklärt das Evangelium das Unvorstellbare, Er sei von oben, wir aber von unten, Er sei Gottes Sohn.« »Ich meinte, wenn man als Mensch nur recht seine Pflicht tue, dann sei man Gott angenehm. Nun sagt das Evangelium das Ärgerliche, nur Jesus mache uns vor Gott gerecht, ohne Ihn seien wir unter Gottes Zorn.«
So ist die Vernunft immer im Streit mit dem Evangelium. Und das zornige Weggehen des

Naeman kann man tausendfach auch heute erleben. Friedrich Wilhelm Krummacher sagt einmal, der natürliche Mensch gleiche einem Narren, der sich die Karte eines fremden Landes zeichne, ohne dieses zu kennen. Wenn er dann das Land eines Tages besuche, erkläre er: »Das Land stimmt nicht.« Solche Narren sind viele auf dem Gebiet des Glaubens. Gott hat uns in der Bibel den Weg zur Kindschaft bei Ihm klar aufgezeichnet. Der Mensch aber will seiner eigenen Landkarte trauen. Und wenn er ganz schlau ist, ändert er das Evangelium nach seinen Vorstellungen um. Nur darf er sich dann nicht wundern, wenn er nie ans Ziel kommt.

Ein umgewandelter Mann

2.Könige 5,12-15: Sind nicht die Wasser Amana und Pharphar zu Damaskus besser denn alle Wasser in Israel, dass ich mich darin wüsche und rein würde? Und wandte sich und zog weg mit Zorn. Da machten sich seine Knechte zu ihm, redeten mit ihm und sprachen: Lieber Vater, wenn dich der Prophet etwas Großes hätte geheißen, solltest du es nicht tun? Wie viel mehr, so er zu dir sagt: Wasche dich, so wirst du rein! Da stieg er ab und taufte sich im Jordan siebenmal, wie der Mann Gottes geredet hatte; und sein Fleisch ward wieder erstattet wie das Fleisch eines jungen Knaben, und er ward rein. Und er kehrte wieder zu dem Mann Gottes samt seinem ganzen Heer. Und da er hineinkam, trat er vor ihn und sprach: Siehe, ich weiß, dass kein Gott ist in allen Landen außer in Israel; so nimm nun den Segen von deinem Knecht.

Die ganz große Hilfe

»*Sind nicht die Wasser Amana und Pharphar zu Damaskus besser?*« So spricht der Mensch, wenn er seine Friedelosigkeit spürt und dumpf den Aussatz der Sünde bemerkt. Sind nicht die Ärzte, die Psychiater, die Gelehrten und Philosophen, die Beruhigungspillen und Zerstreuungen dieser Welt besser als die Botschaft: »Das Blut Jesu Christi, des Sohnes Gottes, macht uns rein von aller Sünde«? Ist nicht ein starker moralischer Wille besser und mächtiger als die Erlösung durch das Kreuz von Golgatha?

Naeman bedenkt in diesem Augenblick nicht, dass er ja die Wasser zu Amana und Pharphar längst ausprobiert hat ohne jeden Erfolg. So bedenkt die Welt nicht, dass all ihre Methoden die Friedelosigkeit nur vermehrt haben. Armer Naeman, arme Welt! Paulus sagt 1.Kor. 1,21:

»Es gefiel Gott wohl, durch törichte Predigt selig zu machen die, so daran glauben.«

Lieber Vater …«, sagen die Dienstleute zu Naeman, als sie ihm nun gut zureden. Das ist eine liebliche Szene! Sie spricht ebenso für die Knechte wie für Naeman. Untergebene können ja ihre Liebe und Treue gegen ihre Vorgesetzten nicht besser beweisen, als wenn sie, statt ihnen nach dem Munde zu reden, sie durch freundliche Worte von einem falschen Weg abhalten. Und welch ein schönes Verhältnis muss dieser Feldhauptmann zu seinen Untergebenen gehabt haben, dass sie ihn »Lieber Vater« anzureden wagten! Man spricht heute viel von »Mitmenschlichkeit«. Hier kann man an einem heidnischen Offizier studieren, was das ist.

Besonders aber zeigt sich Naeman dadurch in einem guten Licht, dass er sich von seinen Knechten etwas sagen lässt. Es war sicher nicht einfach für sie, ihren schimpfenden, zornigen Herrn zurechtzuweisen. Aber Prediger 9,17 steht:

»Der Weisen Worte sind besser denn der Herren Schreien.«

So wurde Naeman still und hörte seine Knechte an. Der König Salomo sagt (Sprüche 12,13):

»Wer auf Rat hört, der ist weise.«

»*Da stieg er ab.*« Nicht nur äußerlich stieg er ab von seinem hohen Ross, mehr noch innerlich. Gottfried Daniel Krummacher schreibt dazu:

»Es ist ein großes Ding, wenn ein Mensch von Herzen willig wird, sich den Veranstaltungen Gottes zu seinem Heil zu beugen.«

»*... und taufte sich im Jordan siebenmal.*« Die 7 bedeutet in der biblischen Bildersprache göttliche Vollkommenheit. Die Offenbarung spricht von 7 Geistern Gottes, 7 Leuchtern, 7 Sternen, 7 Sendschreiben, 7 Siegeln, 7 Augen des Lammes. Wir denken auch an die Schöpfung in 7 Tagen. In den Zeremonien, die nach dem alttestamentlichen Gesetz ein vom Aussatz Geheilter zu vollziehen hatte, spielt die Zahl 7 ebenfalls eine Rolle (3.Mose 14,7f). Dass der Naeman sich siebenmal eintauchen musste im Jordan, weist wohl darauf hin, dass der Herr selber an ihm eine Tat tun wollte.

Damit sind wir bei dem Entscheidenden dieses Abschnitts, der über sich hinausweist in das Neue Testament. Alles ist hier Verheißung auf die Reinigung vom wahren Aussatz, von der Unreinigkeit vor Gott, von unserer Sünde.

»Nun sind wir allesamt wie die Unreinen«,

sagt Jesaja in Kapitel 64,5. Und der Römerbrief (3,23) bekräftigt es: Wir »sind allzumal Sünder«. Ob die blinde Welt das leugnet – was tut's! Es kommt auf Gottes Urteil an.

Von Naeman heißt es nun: »... *und er ward rein.*« Er fand den Strom, der ihn reinigte und heilte. Was dem Naeman der Jordan war, ist der neutestamentlichen Gemeinde der Strom des Heils, der durch Christi Tod und Auferstehung eröffnet ist. Wie sich Naeman in die Flut tauchte, so dürfen wir eintauchen in die Flut der in Jesus erschienenen Gnade. »Mich umspült die Gnadenflut ...«, heißt es in einem Lied.

Von diesem Reinwerden spricht die Antwort auf die Frage 60 des Heidelberger Katechismus:

»Wie bist du gerecht vor Gott?

Allein durch wahren Glauben in Jesus Christus; also, dass, ob mich schon mein Gewissen anklagt, dass ich wider alle Gebote Gottes schwerlich gesündigt und derselben keines nie gehalten habe, auch noch immerdar zu allem Bösen geneigt bin, doch Gott, ohne all mein Verdienst, aus lauter Gnade, mir die vollkommene Genugtuung, Gerechtigkeit und Heiligkeit Christi schenket und zurechnet,

als hätte ich nie eine Sünde begangen noch gehabt und selbst allen den Gehorsam vollbracht, den Christus für mich hat geleistet,

wenn ich allein solche Wohltat mit gläubigem Herzen annehme.«

Das Untertauchen des Naeman im Jordan sagt noch mehr: Jesus ist nicht nur für uns gestorben zur Reinigung von Sünden, wir sollen und dürfen auch mit Ihm sterben. Bei der urchristlichen Taufe sah man in diesem Untertauchen ein Bild für das geistliche Sterben mit Christus (Römer 6,4):

»Wir sind ja mit ihm begraben durch die Taufe in den Tod, auf dass, gleichwie Christus ist auferweckt von den Toten, also sollen auch wir in einem neuen Leben wandeln.«

So gab es für den Naeman ein Sterben, ein geistliches Sterben. (Darum hat Luther hier einfach kühn anstatt »tauchen« das Wort »taufen« gesetzt.) Alles, was ihm bisher wichtig gewesen war, hatte sich als wertlos erwiesen: seine Macht, seine Ehre, sein Geld, seine Meinungen, sein Stolz und Zorn – Alles wurde in den Tod gegeben. Wer sich in der Gnadenflut reinigt, muss das Sterben lernen. Galater 2,19 sagt Paulus:

»Ich bin mit Christo gekreuzigt.«

Da lernt man beten:

Liebe, zieh mich in dein Sterben,
Lass mit dir gekreuzigt sein,
was dein Reich nicht kann ererben...

Abgestiegen

»*Und er kehrte wieder zu dem Mann Gottes samt seinem ganzen Heer.*« Selbstverständlich ist mit »Heer« nicht die ganze syrische Armee gemeint, sondern der Tross von Rossen und Wagen (V. 9), mit dem Naeman ausgezogen war. Natürlich konnte der großmächtige Feldherr nicht wie ein schlichter Bürger daherkommen. Aber ich denke mir: Jetzt war dem Naeman sein prunkvoller Aufzug eher peinlich; denn wenn die Macht Gottes und die Vollmacht Seiner

Knechte hervorbricht, wird die Aufmachung der Welt leicht lächerlich. War Naeman vorher in seinen eigenen Augen sich sehr großartig vorgekommen, war ihm der Prophet sehr armselig erschienen, so ging es, nachdem er Gottes Erbarmen erfahren hatte, gerade umgekehrt.
»Und er kehrte wieder zu dem Mann Gottes.« Hier wird deutlich, wie Naeman in jeder Hinsicht ein anderer Mann geworden ist. An allen, die durch Gottes Erbarmen »rein« wurden, bestätigt sich das Wort aus Hesekiel 36, das Gott spricht:

> »Ich will euch ein neues Herz und einen neuen Geist in euch geben.«

Jetzt sucht er nicht mehr den König Israels auf, sondern es zieht ihn zum Knecht Gottes. Menschen, die mit Jesaja bekennen: »Durch seine Wunden sind wir geheilt«, haben einen starken Zug zu den Kindern Gottes. Die sind ihnen wichtiger als die Gesellschaft der Welt. War der Feldherr vorher mit Zorn auf dieser Straße gezogen, so zieht er nun in umgekehrter Richtung mit Lob und Freude und Dank im Herzen. Wer durch Gottes Barmherzigkeit Gnade fand, jubelt: »Ich rühm die Gnade, die mir Heil gebracht.«

»*Und da er hineinkam, trat er vor den Propheten.*«
Nun wird die Wandlung des Naeman vollends offenbar. Als er zum ersten Mal vor das Haus des Elisa gekommen war, hatte er nur auf seinem Reisewagen angehalten und gewartet, ob der Elisa wohl herauskomme. Jetzt stieg er ab und ging hinein. D. Paul Humburg hat über diese Stelle eine Auslegung geschrieben, der er die Überschrift gab: »Abgestiegene Leute.« Er führt aus, dass Menschen, die die heilsame Gnadenflut im Blut Jesu Christi erfahren haben und von aller Schuld rein geworden sind, von nun an demütige, abgestiegene Leute seien.

Der Apostel Paulus war so ein »abgestiegener« Mann. Wie saß er auf dem hohen Ross eigener Gerechtigkeit, als er die Jünger Jesu verfolgte und sich zum Richter über sie aufwarf! Doch als er in seinen eigenen Augen zum Unreinen geworden war, als er dann in Jesus Gnade empfangen hatte, da hieß es bei ihm (1.Tim. 1,15):

> »Das ist gewisslich wahr und ein teuer wertes Wort, dass Christus Jesus gekommen ist in die Welt, die Sünder selig zu machen, unter welchen ich der vornehmste (d.h. der schlimmste) bin.«

»*Siehe, ich weiß, dass kein Gott ist ...*« Wieder wird die Wandlung des Naeman deutlich. Vorher sagte er: »Ich meinte ...«, jetzt heißt es: »Ich weiß ...« Ehe man die Gnade Gottes in Jesus erfahren hat, gibt man viel auf seine eigenen Meinungen über Gott und Sein Reich. Aber Gewissheit hat man nicht. Sobald es aber heißt: »Ich weiß ...«, ist lauter Gewissheit da. So sagt Hiob (19,25):

»Ich weiß, dass mein Erlöser lebt.«

Und Paulus bekennt (Röm. 8,38f):

Ich bin gewiss, dass nichts uns scheiden mag von der Liebe Gottes, die in Christo Jesu ist, unserm Herrn.«

Der Apostel Johannes schreibt im 3. Kapitel seines ersten Briefes:

»Wir wissen, dass wir aus dem Tode in das Leben gekommen sind.«

Das Bekenntnis

»*... dass kein Gott ist in allen Landen außer in Israel.*« In 1.Könige 20 wird berichtet, wie das syrische Heer, dem Naeman angehörte, von Israel geschlagen wurde. Da sprachen die Offiziere zu ihrem König: »Israels Götter sind Berggötter; darum haben sie uns überwunden. O dass wir mit ihnen in der Ebene kämpfen könnten! Was gilt's, wir wollten sie überwinden.« Dem heidnischen Glauben nach hat nämlich jedes Volk seine eigenen Götter, deren Machtbereich an den Grenzen des Landes aufhört. Nun hat Naeman begriffen: Alle Götter der Völker sind nichts. Der Gott Israels ist der Herr aller Herren und der einzige Gott im Himmel und auf Erden. Das ist eine Wendung, wenn ein Mensch seine eigenen Gedanken aufgibt, zur Erkenntnis des lebendigen, geoffenbarten Gottes kommt – und sich auch Ihm unterwirft, wie es Naeman tat! Im 118. Psalm heißt es:

> »Es ist gut, auf den Herrn vertrauen und nicht sich verlassen auf Menschen. Es ist gut, auf den Herrn vertrauen und nicht sich verlassen auf Fürsten.«

Das hat Naeman gelernt, und er bekennt diesen seinen Glauben vor all dem Volk, das ihn begleitet. Es gehört zum Wesen des christlichen Glaubens, dass er bekannt wird. Der Römerbrief (10,10) sagt:

> »So man von Herzen glaubt, so wird man gerecht; und so man mit dem Munde bekennt, so wird man selig.«

Und unser Herr sagt über dies Bekennen (Matth. 10,32-33):

> »Wer nun mich bekennet vor den Menschen, den will ich bekennen vor meinem himmlischen Vater. Wer mich aber verleugnet vor den Menschen, den will ich auch verleugnen vor meinem himmlischen Vater.«

Zwei Männer vor Gott

2.Könige 5,15-19: Und Naeman sprach zu Elisa: So nimm nun den Segen von deinem Knecht. Er aber sprach: So wahr der Herr lebt, vor dem ich stehe, ich nehme es nicht. Und er nötigte ihn, dass er's nähme, aber er wollte nicht. Da sprach Naeman: Möchte denn deinem Knecht nicht gegeben werden dieser Erde eine Last, so viel zwei Maultiere tragen? Denn dein Knecht will nicht mehr andern Göttern opfern und Brandopfer tun, sondern dem Herrn. Nur darin wolle der Herr deinem Knecht gnädig sein: wo ich anbete im Hause Rimmons, wenn mein Herr ins Haus Rimmons geht, daselbst anzubeten, und er sich an meine Hand lehnt. Er sprach zu ihm: Zieh hin mit Frieden!

Elisa: abgelehnter Reichtum

»So nimm nun den Segen von deinem Knecht.« Wie großspurig war der Naeman am Anfang dem Elisa begegnet! Und nun redet er mit Elisa in der demütigsten Form. Das Neue Testament sagt (Phil. 2,3):

> »Durch Demut achte einer den andern höher denn sich selbst.«

Naeman nennt die Gabe, mit der er den Propheten zu einem vermögenden Mann hätte machen können, einen »Segen«. Dasselbe Wort, das hier im Hebräischen steht, brauchte Jakob, als er seinem Bruder Esau Geschenke sandte (1.Mose 33,11). Das gleiche Wort steht in 1.Sam. 25,27, wo die kluge Frau Abigail dem streitbaren David Geschenke bringt. Der Ausdruck »Segen« für ein Geschenk soll wohl ausdrücken, dass der Geber selbst von Gott beschenkt worden ist und dass er nun von dem göttlichen Segen weitergeben will.

»So wahr der Herr lebt, vor dem ich stehe, ich nehme es nicht.« Es gibt ein so laues Abwehren von Gaben, dass man sofort merkt: Das ist

nicht ernst gemeint. Da wehrt die linke Hand ab, aber die rechte tut sich schon auf. Dem Elisa ist es ernst mit der Ablehnung der Geschenke. »So wahr der Herr lebt ...« Warum hat Elisa die reiche Gabe so energisch abgelehnt? Gehörte er vielleicht zu den Menschen, die sich nicht beschenken lassen können, die schon von »revanchieren« sprechen, wenn man sie nur zu einer Tasse Kaffee einlädt? Im vorigen Kapitel haben wir gehört, dass er sich eine ganze Kammer schenken ließ und Brot für die Prophetenschüler. Er war ja auch auf Geschenke angewiesen; denn er hatte seinen Bauernberuf verlassen und lebte nun von dem, was man ihm gab.

Darin fand er nichts Unrechtes, ebensowenig wie der Apostel Paulus, der in 1.Kor. 9,13f seiner Gemeinde schreibt:

> »Wisset ihr nicht, dass, die da opfern, essen vom Opfer, und die am Altar dienen, vom Altar Genuss haben? Also hat auch der Herr befohlen, dass, die das Evangelium verkündigen, sollen sich vom Evangelium nähren.«

Paulus hat für sich selbst zwar keinen Gebrauch davon gemacht, sondern hat sich sein tägliches

Brot als Zeltweber verdient. Doch für die Gemeinde hat er damit eine Regel aufgestellt.

Es wäre also ganz in Ordnung gewesen, wenn Elisa das reiche Geschenk des Naeman angenommen hätte. Warum lehnte er es trotzdem so entschieden ab? Er wollte wohl dem eben vom Heidentum Bekehrten zeigen, dass es im Volk Gottes anders zugeht (oder zugehen sollte) als im Heidentum, wo die Magier und Priester das Volk oft ausgesogen haben. Naeman sollte merken, dass im Volk Gottes nicht der »Mammon« regiert.

Zum andern sollte Naeman lernen, was so schwer zu lernen ist: dass Gottes Gaben nicht erkauft werden können. Heiden glauben das. Darum wollte der Zauberer Simon (Apostelgesch. 8,18ff) von den Aposteln für Geld die Gabe erwerben, den Heiligen Geist vermitteln zu können. Die Gnadengaben Gottes aber sind frei, umsonst und nur aus Gnaden zu haben. Der Herr sagt durch den Mund des Propheten Jesaja (55,1):

> »Wohlan, alle, die ihr durstig seid, kommet her zum Wasser! Und die ihr nicht Geld habt, kommet her, kaufet und esset; kommt her und kauft ohne Geld und umsonst beides, Wein und Milch!«

Und Paulus erklärt uns im Römerbrief (11,35):

> »Wer hat Gott etwas zuvor gegeben, dass ihm werde wiedervergolten?«

Wir können nichts erkaufen: weder Vergebung der Sünden noch die Barmherzigkeit Gottes. Beides wird uns durch Jesus frei und umsonst geschenkt. Wir brauchen's nur im Glauben anzunehmen. Das gilt auch für die Heiligung unseres Lebens. Solange sie nicht ein Geschenk unseres Herrn ist, ist sie Krampf und vergebliche Mühe. Jesus ist

> »uns gemacht von Gott zur Weisheit und zur Gerechtigkeit und zur Heiligung und zur Erlösung« (1.Kor. 1,30).

Das sollte Naeman lernen. Darum vielleicht lehnte der Prophet die reiche Gabe ab. Vermutlich aber gab es noch einen anderen Grund. Elisa sagt: »So wahr der Herr lebt, vor dem ich stehe, ich nehme es nicht.« Daraus können wir doch wohl schließen, dass Elisa auch in dieser Sache einem klaren Befehl seines Herrn folgte. Da müssen wir fragen: Warum stellte sich der Herr dagegen? Elisa hatte ein reiches Bauerngut verlassen und lebte mit den

Prophetenschülern in Armut. Ob er da nicht manchmal ein wenig Sehnsucht bekam nach dem Reichtum seines Vaterhauses? In solchen Besitz würde er erneut gelangen durch die »zehn Zentner Silber und die sechstausend Goldgulden« (V. 5). Er käme wieder in den Zustand, den er verlassen hatte. Der Herr aber wollte Seinen Knecht frei haben vom »irdischen Sinn« (Phil. 3,19). Er selber wollte ihm Vaterhaus und Reichtum sein.

Naeman: erste Glaubensentscheidungen

»*Da sprach Naeman: Möchte denn deinem Knecht nicht gegeben werden dieser Erde eine Last?*« Der Feldhauptmann hat soeben klar bekannt: »Ich weiß, dass kein Gott ist in allen Landen außer in Israel.« Und nun folgert er so: Glückliches Land, in dem der lebendige Gott redet durch Seine Propheten! Ich möchte von diesem Land der Offenbarung Gottes ein Denkmal, eine Erinnerung. Darum will ich Erde mitnehmen, um davon einen Altar zu bauen, – wie Samuel einst einen Felsblock aufrichtete zur Erinnerung an Gottes Hilfe und ihn Eben-Ezer = Stein der Hilfe nannte. In Psalm 103 werden wir gemahnt:

»Vergiss nicht, was er dir Gutes getan hat!«

Auch wir sollten uns Erinnerungen an Gottes Durchhilfen und Gnadenerzeigungen schaffen; denn wir vergessen so schnell, was Er uns Gutes getan hat.

Als oberster Feldherr in Syrien muss Naeman seinen König begleiten bei den großen staatlichen Götzenfesten. Wenn da im Tempel des Götzen Rimmon gefeiert wurde, gehörte er zum Gefolge des Königs (V. 18). Es macht ihm zu schaffen, wie er sich dabei verhalten soll. *»Denn dein Knecht will nicht mehr andern Göttern opfern und Brandopfer tun, sondern dem Herrn.«*

Man hat in diesem Satz des Naeman ein »Hinken auf beide Seiten« (1.Kön. 18,21) sehen wollen und eine Heuchelei. Beides ist nach meiner Ansicht falsch. Naeman heuchelt nicht. Er hat in Gegenwart seiner Begleitung sich ganz offen zum Herrn Israels bekannt. Und dass sein Glaube nicht schwankend ist, wird ja gerade dadurch deutlich, dass er sofort auf diese Sache zu sprechen kommt. Wir dürfen vielmehr ein Zeichen eines klar orientierten Gewissens sehen, das sofort alle Möglichkeiten eines Wandels in der Wahrheit überschaut.

Wir sind hier an einem Punkt, an dem alle Jesusjünger ein zartes Gewissen haben sollten. Schon von Anfang an ist das ja eine Frage für Christen, wie weit sie sich an Zeremonien, die ihrem Glauben nicht gemäß sind, beteiligen können. Paulus hat die Gemeinden in Galatien ernstlich davor gewarnt, die jüdische Beschneidung anzunehmen. Mit welchem Ernst haben die Christen im römischen Reich es abgelehnt, dem »göttlichen Kaiser« Weihrauch zu streuen! Für viele Jünger Jesu war es eine ernste Frage im »Dritten Reich«, ob sie den geforderten Gruß »Heil Hitler!« aussprechen dürften. Und für manche jungen Christen ist es eine Gewissensfrage geworden, ob sie Betriebsfeste, wie sie weithin üblich sind, mitmachen können.

Naeman hat in dieser Sache gar nicht gefragt, sondern seine Überzeugung ausgesprochen, dass sein Beruf zwar solches schweigende Mitmachen mit sich bringe, dass es aber Sünde sein könne, wofür er Vergebung brauche. *»Darin wolle der Herr deinem Knecht gnädig sein ...«*

Elisas Antwort ist interessant:

1. Er erkennt es an, dass für den Naeman der Gang in den Götzentempel ein reiner Höflichkeitsakt ist. Er ist überzeugt, dass dieser Tempelgang ihm nicht schadet. Und das ist die Frage: Sind solche Teilnahmen an bedenklichen, heidnischen Dingen für uns gefährlich? Dann sollten wir sie lieber lassen.

2. Es gibt Gewissensentscheidungen, die uns niemand abnehmen kann. Da müssen wir ganz allein und persönlich den Weg finden – ohne andere, die anders geführt sind, zu richten.

3. Elisa hat den jungen »Christen« Naeman nicht überfordert. Er war gewiss, dass der Herr ihm in der Zukunft zeigen werde, wie weit er mit den Heiden gehen dürfe. Es gibt ein Reifen im Christenstand. Und man sollte Anfänger im Glauben nicht überfordern.

4. Elisa hat gewiss damit gerechnet, dass der Herr Sein Wort wahrmachen werde: »Ich will mein Gesetz in ihr Herz schreiben.« So überließ er alles und vor allem den Naeman dem Herrn und entließ ihn mit einem Segensgruß.

Ein böser Knecht

2.Könige 5,20-27: Da gedachte Gehasi, der Diener Elisas, des Mannes Gottes: Siehe, mein Herr hat diesen Syrer Naeman verschont, dass er nichts von ihm hat genommen, das er gebracht hat. So wahr der Herr lebt, ich will ihm nachlaufen und etwas von ihm nehmen. Also jagte Gehasi dem Naeman nach. Und da Naeman sah, dass er ihm nachlief, stieg er vom Wagen ihm entgegen und sprach: Steht es wohl? Er sprach: Ja. Aber mein Herr hat mich gesandt und lässt dir sagen: Siehe, jetzt sind zu mir gekommen vom Gebirge Ephraim zwei Jünglinge aus der Propheten Kindern; gib ihnen einen Zentner Silber und zwei Feierkleider! Naeman sprach: Nimm lieber zwei Zentner! Und er nötigte ihn und band zwei Zentner Silber in zwei Beutel und zwei Feierkleider und gab's zweien seiner Diener; die trugen's vor ihm her. Und da er kam an den Hügel, nahm er's von ihren Händen und legte es beiseit im Hause und ließ die Männer gehen. Und da sie weg waren, trat er vor seinen Herrn. Und Elisa sprach zu ihm: Woher, Gehasi? Er sprach: Dein Knecht ist weder hierher noch daher gegangen. Er aber sprach zu ihm: Ist nicht mein Herz mitgegangen, da der Mann umkehrte von seinem Wagen dir entgegen? War das die Zeit, Silber und Kleider zu nehmen, Ölgärten, Weinberge, Schafe, Rinder, Knechte und Mägde? Aber der Aussatz Naemans wird dir anhängen und deinem Samen ewiglich. Da ging er von ihm hinaus aussätzig wie Schnee.

»Herr, bin ich's?«

Aus 2.Könige 4,31 kennen wir Gehasi schon. Er wurde uns da geschildert als ein Mann ohne göttliche Vollmacht.

»... *der Diener Elisas, des Mannes Gottes.*« Es ist auffällig, wie hier der Prophet ausdrücklich »Mann Gottes« genannt wird. Geradezu mit Nachdruck ist betont, dass Elisa wirklich und wahrhaftig dem Herrn zugehörte – im Gegensatz zu seinem Diener, von dem man das nicht sagen konnte. Unter der Jüngerschar Jesu war ein Judas, in der Umgebung des Elisa war ein Gehasi. Es ist immer, wie Jesus sagt, Unkraut unter dem Weizen. Und wir tun gut, es zu machen wie die ersten Jünger. Als Jesus vom »Unkraut« sprach und sagte: »Einer unter euch wird mich verraten«, da fragten sie erschrocken: »Herr, bin ich's?« Weil uns die natürliche, irdisch gesinnte, pfiffige Art des Gehasi nicht fremd ist, tun wir gut, uns zu fragen, ob wir auf die Seite des Mannes Gottes oder auf die Seite des Gehasi gehören.

Prüf, erfahre, wie ich's meine,
tilge allen Heuchelschein.

»... *gedachte Gehasi: Mein Herr hat diesen Syrer Naeman verschont, dass er nichts von ihm hat genommen.*« In dem Ausdruck »dieser Syrer« liegt Verachtung: dieser unreine Heide! Von dessen Bekenntnis zum Herrn, von seiner herrlichen Wandlung und Heilung hat Gehasi offenbar nichts gemerkt. Das ist furchtbar! Es kommt immer wieder vor, dass der Herr in einem Kreis von Menschen sich wunderbar bezeugt. Aber manche merken nichts von dem Wirken des Geistes Gottes und bleiben in ihrem alten Trott. Davor wolle uns der Herr bewahren!

»So wahr der Herr lebt, ich will ihm nachlaufen!« Ja, der Herr lebt wirklich! Das sollte Gehasi noch schrecklich erfahren. Mit dem oberflächlich gesprochenen Satz nimmt er schon sein Gericht vorweg. Er gehört zu den Leuten, die den »Namen des Herrn unnützlich führen.« »So wahr der Herr lebt« – genau diesen Ausdruck hatte Elisa gebraucht, als er die Geschenke des Naeman ablehnte. Doch er hatte das Sätzlein hinzugefügt: »… vor dem ich stehe.« Das konnte Gehasi nicht sagen. Können wir es sagen? Leben wir vor den Augen Gottes?

»Also jagte Gehasi dem Naeman nach.« Das hebräische Wort, das hier steht, bedeutet wirklich »nachjagen«, »verfolgen«, wie man einem flüchtigen Verbrecher oder einem geschlagenen Feind nachjagt. Was geben sich die Menschen doch für schreckliche Mühe, um in den Besitz von Silber und Gold zu kommen! Wenn sie nur einen kleinen Teil dieser Mühe aufwenden wollten, um der »Gerechtigkeit, die vor Gott gilt« (Römer 10,3), nachzujagen! Wenn sie doch mit solchem Eifer hinter ihrer Seelen Seligkeit her sein wollten!

»… stieg Naeman vom Wagen ihm entgegen.«

Noch einmal dürfen wir den Naeman sehen, ehe er unseren Augen entschwindet. Dabei bekommen wir einen Eindruck davon, wie die erfahrene Gnade sein Herz umgewandelt hat. Wir erinnern uns, wie hoffärtig er vor dem Haus des Elisa angehalten hatte. Nun steigt er sogar vor dem unwichtigen Diener des Elisa ab und begrüßt ihn freundlich und höflich. Unser Herr kann Menschenherzen verändern, dass Hochmütige demütig werden, Unfreundliche freundlich und Unbarmherzige barmherzig.

Zeige deines Wortes Kraft
an uns armen Wesen.
Zeige, wie es neu uns schafft,
Kranke macht genesen!

»*Naeman sprach: Steht es wohl?*« Ein Bild, das ans Herz geht! Da steht ein Mann, der sich eben vom Götzendienst zum Herrn bekehrt hat und der nun, erfüllt von der Liebe zum Herrn und zu Seiner Gemeinde, blind dem vertraut, der auch nach dem Namen dieses Herrn genannt ist. Ihm gegenüber aber steht der Mann aus dem Volk Gottes, erfüllt mit argen Gedanken. Er lügt, um Reichtum und Gewinn (V. 22) zu erlangen. (Das ist eine alltägliche Sache. Wie wird gelogen in Steuererklärungen, im Geschäftsleben! Und leider auch von Christen; denn die Gehasi-Natur steckt in vielen Gotteskindern.) Und er lügt unter frommem Vorwand, als solle Naeman etwas von seinen Schätzen hergeben, um arme Prophetenschüler zu unterstützen. Die Sache sieht nach Wohltätigkeit aus und ist reiner Betrug.

Das ist eine besondere Seite bei der Sünde der Kinder Gottes: Sie sündigen nicht nur auf ihr eigenes Konto, sondern auf das Konto des Reiches Gottes. Ihre Sünde macht nicht nur ihnen selbst Unehre, sondern sie verunehrt ihren Gott. Nicht nur um ihrer selbst willen, sondern um der Ehre Gottes willen sollten Kinder des lebendigen Gottes »der Heiligung nachjagen« (Hebr. 12,14).

Unser aller Natur ist durch den Sündenfall durch und durch verdorben. Darum wünscht der Apostel Paulus der Gemeinde in Thessalonich (1.Thess. 5,23):

»Der Gott des Friedens heilige euch durch und durch.«

Gehasi, ein Dieb und Lügner

»Naeman sprach: Nimm lieber zwei Zentner. Und er nötigte ihn ...« Was mag dabei in seinem

Herzen vorgegangen sein? Ob er lächelte über den Propheten, der sich plötzlich anders besonnen hatte? Ob er den Gehasi durchschaute? Oder ob er sich freute, dass er nun doch seinen Dank ein wenig abstatten konnte? Es wird uns nichts darüber gesagt. Die Wirkungen unserer Sünden hier auf der Erde können wir oft gar nicht feststellen. Aber dies müssen wir wissen: Der wahren Kirche schaden nicht so sehr die Gottlosen, sondern die, die sich Christen nennen und doch nicht vor den Augen Gottes Leben.

»... *die trugen's vor ihm her.*« Man sieht den Gehasi geradezu vor sich, wie er stolz und profitlich hinter den beiden syrischen Knechten herschreitet. Er hält sich gewiss für einen »schlauen Jungen«, der eine Sache geschickt »gedreht« hat. Dabei ahnt er nicht, dass er bei der ganzen Unternehmung einen unsichtbaren Zuschauer hat. Er ahnt nicht, dass über ihm schon die Gewitterwolken des Gerichtes Gottes stehen. So blind ist die Welt! Sie freut sich an sich selber und an ihrer Schlauheit. Und sie will nichts davon wissen, dass Gottes Wort sagt (Römer 1,18):

»Gottes Zorn vom Himmel wird offenbart über alles gottlose Wesen und Ungerechtigkeit der Menschen, die die Wahrheit in Ungerechtigkeit aufhalten.«

Gehasi lässt sich das reiche Geschenk bis in die Nähe der Wohnung Elisas tragen. Hier nimmt er den Dienern die Schätze ab und entlässt sie (V. 24); denn sein Herr soll ja nicht aufmerksam werden auf das, was er tut. Heimlich schleicht er zur Wohnung und verbirgt die Geschenke. So geht die Sünde des Gehasi weiter: die Sache darf nicht ans Licht kommen. Er ist aus dem Licht in die Finsternis gegangen.
»*Woher, Gehasi?*« Merken sagt dazu:

> »Diese Frage hätte dem Gehasi sein sollen wie das Rauschen vor dem Gewitter, das den Wanderer warnt, einen Hort zu suchen, wo die nahen Stürme und Fluten ihn nicht ereilen können.«

Solchen Hort hätte es für Gehasi nur in einem aufrichtigen Bekenntnis gegeben und in wahrer Buße. Wir dürfen gewiss sein, dass er bei Elisa Hilfe und bei Gott Vergebung gefunden hätte nach dem Bekenntnis: »Mein Weg war verkehrt. Es tut mir leid. Hier sind die zusammengelogenen Schätze.«
Ohne solche Buße bleiben wir unter dem Zorn

Gottes und Seinem Gericht. Wie Gehasi nicht wusste, wie entsetzlich gefährlich seine Lage war, so ist der unerleuchtete Mensch blind sowohl für Gottes Zorn über die Sünde als auch für alle Warnungen.

Gehasi wollte nicht ans Licht. Was sollte er nun antworten auf die Frage des Elisa? Er konnte nur eine neue Lüge ersinnen.

In Vers 25 und 26 ist es erschütternd, wie das verkehrte Wesen des Dieners aufgedeckt wird. Es ist wie eine Vorahnung vom Jüngsten Gericht, wo die Gedanken des Herzens offenbar werden. »*Ist nicht mein Herz mitgegangen, da der Mann umkehrte von seinem Wagen dir entgegen?*« Wir werden nie wissen, wie der Elisa Kenntnis von den bösen Wegen seines Dieners bekam. Das jedenfalls ist klar: Jetzt erging es dem Gehasi wie den Brüdern Josephs, als sie sprachen (1.Mose 44,16):

> »Gott hat die Missetat deiner Knechte gefunden.«

Paulus sagt im Brief an die Korinther (1.Kor. 4,5):

> »Der Herr wird ans Licht bringen, was im Finstern verborgen ist, und den Rat der Herzen offenbaren.«

Wem dafür das Verständnis aufgeht, der möchte mit dem Sänger des 139. Psalms rufen:

> »Wo soll ich hingehen vor deinem Geist, und wo soll ich hinfliehen vor deinem Angesicht?!«

Das heißt »im Licht wandeln«, dass man immer mit der Gegenwart des heiligen Gottes rechnet. Wer Gott nicht lieb hat, dem muss das verhasst sein. Darum ringt Jesus um unsere Herzen, damit sie zur Liebe gegen Gott entzündet werden. Wenn wir Ihn lieben, ist uns Seine Gegenwart nur Trost und Hilfe und Freude.

»Ist nicht mein Herz mitgegangen ...?« Welches Entsetzen muss den Gehasi gepackt haben, als er sah, wie alles, alles Heimliche bekannt war! Dieser Mann aus Gottes Volk ist eine ernste Warnung für alle, die den Herrn kennen.

Aber der Aussatz Naemans wird dir anhangen und deinem Samen ewiglich. Da ging er von ihm hinaus aussätzig wie Schnee. Dazu sagt der bedeutende Schriftausleger und Prediger in Bremen Gottfried Menken:

> »Wie mag der Aussätzige nun wohl die damascenischen Prachtgewänder, wie der

Elende die Beute mit Silber angesehen haben? Wie oft mag er gewünscht haben, für alle seine Schätze nur einen einzigen Tag seiner Armut wiederkaufen zu können! Und dann der verlorene Friede Gottes! – O Jammer! Unbegreiflichste, böseste, unzerstörbarste, furchtbarste aller Täuschungen, Betrug des Reichtums, wer fürchtet dich, wie wir dich fürchten sollten? Gott erbarme sich unser und helfe uns allen, dass nicht einer seine Hoffnung setze auf den ungewissen Reichtum, sondern auf den lebendigen Gott, der uns dargibt reichlich allerlei zu genießen. Und nun lasst uns darauf achten, was Paulus an seinen jungen Freund Timotheus schreibt: ›Denn die da reich werden wollen, die fallen in Versuchung und Stricke und viel törichte und schädliche Lüste, welche versenken die Menschen in Verderben und Verdammnis. Denn Geiz ist eine Wurzel alles Übels; des hat etliche gelüstet und sind vom Glauben irregegangen und machen sich selbst viel Schmerzen. Aber du, Gottesmensch, fliehe solches! Jage aber nach – der Gerechtigkeit, der Gottseligkeit, dem Glauben, der Liebe, der Geduld, der Sanftmut; kämpfe den guten Kampf des Glaubens; ergreife das ewige Leben, dazu du auch berufen bist und bekannt hast ein gutes Bekenntnis vor vielen Zeugen.‹«

Zwei Menschen werden lebendige Denkmäler Gottes. Naeman ist ein Denkmal der errettenden Macht und Gnade, Gehasi ein Denkmal des Zornes Gottes. Es tut not, dass wir beide genau ansehen, um Gott kennen zu lernen. Es gibt Menschen, die in ewiger Furcht und Unruhe vor Gott leben und mit allerlei Gesetzeswerk vor Ihm gerecht und rein werden wollen. Die sollen den Naeman ansehen und es fassen, dass die Gnadenflut auch sie rein macht aus der Barmherzigkeit Gottes in Jesus. Wie fröhlich kann man dann singen:

Auf dem Lamm ruht meine Seele,
betet voll Bewundrung an.
Alle, alle meine Sünden
hat sein Blut hinweggetan.

Es ist lange Zeit so viel vom »lieben Gott« unter uns geredet worden, dass die Menschen die Furcht vor Gott verlernt haben. Da ist es wichtig, den Gehasi anzusehen. An ihm merken wir, dass Gott ein heiliger Gott ist und dass Er nicht schweigt zu unseren heimlichen Sünden.

Wer sollte Ihn nicht fürchten?! Der weise König Salomo sagt in seinen Sprüchen (9,10):

»Der Weisheit Anfang ist des Herrn Furcht.«

Nun nehmen wir Abschied von Naeman. Von Elisa wird noch mehr berichtet. Und auch dem Gehasi begegnen wir erneut im 8. Kapitel des 2. Königsbuches. Dort können wir die Hoffnung haben, dass Gott ihm Buße und Vergebung geschenkt hat, dass auch er Gnade fand und Heilung.

Frühlingstage der Gemeinde

2.Könige 6,1-4: Die Kinder der Propheten sprachen zu Elisa: Siehe, der Raum, da wir vor dir wohnen, ist uns zu enge. Lass uns an den Jordan gehen und einen jeglichen daselbst Holz holen, dass wir uns daselbst eine Stätte bauen, da wir wohnen. Er sprach: Gehet hin! Und einer sprach: Gehe lieber mit deinen Knechten! Er sprach: Ich will mitgehen. Und er ging mit ihnen. Und da sie an den Jordan kamen, hieben sie Holz ab.

Eine kleine Gemeinde wächst

»*Siehe, der Raum ist uns zu enge.*« Das ist ein schönes Wort! Wir wissen, dass damals das geistliche Leben in. Israel sehr daniederlag. Es gab trübe Vermischungen zwischen dem Dienst für den lebendigen Gott und dem für die heidnischen Götzen. Und mit dem Götzendienst sickerten die Sünden des Heidentums in Israel ein. Wo es so zugeht, kommt es zu einer Lähmung des geistlichen Lebens.

So dürfen wir wohl als ziemlich sicher annehmen, dass man in den Kreisen der Priester viel diskutierte, wie man dem Absinken des Gottesdienstbesuches abhelfen könne; wie man durch »neue Wege« und bessere Anpassung an das Heidentum die Jugend zurückgewinnen könne. Da ist es interessant zu hören, dass es in dem Kreis junger Männer um den Propheten Elisa diese Sorgen nicht gab. Dort hieß es: »Der Raum ist zu eng.«

Die »modernen« Priester, die so kunstreich den Gottes-Dienst und den Baals-Dienst vermischen wollten, mögen gerätselt haben, woran das denn nun liegen könne. Sie selber taten alles, um der Jugend entgegenzukommen – und dieser rückständige Elisa, der einfach in den Bahnen Gottes lief und tat, als habe die Welt sich nicht verändert seit den Tagen der Richter, musste seine Räume vergrößern!

Seltsamer Vorgang! Aber wer die Augen aufmacht, kann Ähnliches heute noch entdecken.

»Der Raum ist uns zu enge.« Man kann überlegen, ob es sich um ein Wohnheim für die jungen Prophetenschüler oder um einen Versammlungsraum handelt. Doch das ist ziemlich gleichgültig. Was wir aus diesem Wort hören: Hier kamen neue Leute dazu. Hier stellten sich junge Menschen in den Dienst für den Herrn. Hier hatte man klein angefangen; aber nun wuchs diese kleine Gemeinde.

Heute macht man es häufig umgekehrt. Man baut zuerst ein Gemeindehaus, ein Kirchenzentrum, ein Jugendheim. Und dann hofft man, dass die Räume sich schon füllen werden. Aber bald muss es heißen: »Siehe, der Raum ist uns zu weit.« Da hört man dann manchmal die Forderung, man müsse »Mut haben zu kleinen Kreisen«. Ja, gewiss! Aber ich meine, wir dürften im Glauben getrost auch Mut haben zu großen Kreisen. In Jesaja 54,2f steht:

> »Dehne deine Seile lang. Denn du wirst ausbrechen zur Rechten und zur Linken.«

Und in Joel 2,21 werden wir ermutigt:

> »Der Herr kann auch große Dinge tun.«

Die »Klaterigkeit«, die Bescheidenheit in Sachen des Reiches Gottes, gehört nicht unbedingt zum Christentum! Wo lebendiges Geisteswehen ist, wo Menschen ihrer Sünde überführt werden und Heil finden bei Jesus, da entsteht ein Sog, da wächst die Gemeinde.

Dem Erweckungsprediger Spurgeon klagte einmal ein junger Pastor, er sehe so gar keine Frucht aus seiner Predigt. Auf die Frage, ob denn seiner Ansicht nach in jedem Gottesdienst sich ein Mensch bekehren müsse, wehrte dieser ab: »Nein, das natürlich nicht!« Darauf Spurgeon: »Sehen Sie, das ist's. Sie erwarten ja gar nicht, dass Gott wirken will und kann.«

»Siehe, der Raum ist uns zu enge.« In diesen paar Worten spürt man etwas von der »Erweckungsluft«, die um die einfache und klare Predigt des Propheten her war. Im Blick aber auf unsere Kirche und ihre »zu weit« gewordenen Räume möchte man mit einem Vers aus der Erweckungszeit flehen:

Rausche unter uns, du Geist des Lebens,
dass wir alle auferstehn.
Lass uns nicht geweissagt sein vergebens,
deine Wunder lass uns sehn!
Unsern sündgen Augen jetzt enthülle
deiner Gnadenallmacht ganze Fülle.

Lass erstorbne Bäume blühn,
Lass erfrorne Herzen glühn!

Eine Gemeinde ohne passive Mitglieder

»*Lass uns an den Jordan gehen und einen jeglichen daselbst Holz holen.*« Wie armselig ging es doch in jener Gemeinschaft zu! Man konnte nicht in der Christenheit Geld sammeln, dazu beachtliche Staatsmittel schlagen und dann durch einen erstklassigen Architekten das neue Gemeindehaus bauen lassen. Es ging sehr viel kümmerlicher zu. Jeder sollte Balken holen. Und dann sollte daraus ein Heim gebaut werden. Da mochte wohl ein armseliger Bau erstehen!

Aber was tat's! Hier in diesem armseligen, selbstgebastelten Bauwerk hatte der Heilige Geist Gottes kräftiger Sein Werk als in mancher modernen Kirche oder in manchem neuen Gemeinschaftshaus. Es ist gewiss nichts einzuwenden gegen unsere schönen Gemeinschafts-, Jugend- und Kirchengebäude. Im Gegenteil! Man sollte dankbar sein, dass aus Trümmern so viel Neues und Schönes entstanden ist. Und doch – packt uns nicht manchmal das Heimweh nach der Zeit, als unsere pietistischen Väter in Bauern- und Handwerksstuben in ungemütlicher Enge sich drängten, wo aber Sünder zur Buße, Blinde zur Erkenntnis der Wahrheit und Selbstgerechte zum Zusammenbruch kamen?

Als wir in einem kleinen Kreis kürzlich über diese Dinge sprachen, sagte einer bitter: »Die hatten den Heiligen Geist, Feuer und Sturmwind. Wir haben die schönen Säle.« Dass doch das Feuer des Geistes und der Sturmwind des Atems Gottes all unsere modernen CVJM-, Gemeinde-, Jugend- und Gemeinschaftshäuser erfüllen wollte!

»… einen jeglichen daselbst Holz holen, dass wir uns …« Dieser kleine Satz lässt einen tiefen Blick tun in die Gemeinschaft, die sich um den Propheten Elisa sammelte. Da gab es nicht »zahlende« und »aktive« Mitglieder. Da gab es nicht »Randsiedler« und »Praktizierende«. Da gab es nicht Zuschauer und Aktive.

Da hieß es: ein »jeglicher« und »uns« und »wir«. Das ist ja das Seltsame: Wo Menschen zum lebendigen Glauben an den Herrn kommen, da hören sie auf, Zuschauer des Reiches Gottes zu sein. Da werden sie mitverantwortlich. Da sind sie mit Gebet und Flehen beteiligt an dem Werk der kleinen verfolgten Kirche in China. Da ist es ihnen nicht mehr gleichgültig, ob in Indien Menschen verhungern. Da geht sie auch die seelische Not der armen zänkischen

Nachbarin an, mit der sie sich nicht streiten, sondern die sie liebhaben. Und vor allem geht sie an, was in ihrer »Gemeinde« geschieht. Da heißt es »wir« und »uns«.

Gesegnete Abhängigkeit

»Er sprach: Gehet hin!« Das steht so kurz und bündig da. Aber ich hätte gern in das Herz des Elisa sehen mögen, als er dies sagte. Gewiss erfüllte ihn eine große Freude; denn es ist für einen Säemann beglückend, wenn er sieht, dass seine Saat aufgeht. Elisa sah, dass seine geistliche Saat aufging und das Werk wuchs. Im Propheten Jesaja (9,2) steht das Wort:

> »Du machst des Volkes viel, du machst groß seine Freude. Vor dir wird man sich freuen, wie man sich freut in der Ernte.«

Solche Freude erfüllte das Herz des Elisa.
Und dankbar wurde sein Herz, wenn er den Eifer seiner jungen Schüler und Mitarbeiter sah. Es gibt auch im Reich Gottes viel Trägheit. Manche Arbeit bleibt ungetan, weil sie uns zu gering und beschwerlich erscheint. Der Elisa sah mit Freuden seine jungen Freunde, die mit glühendem Eifer das niedrige und schwierige Werk anfassten. Er konnte mit Paulus sagen:

»Wir wollen Gott danken allezeit um euch, vom Herrn geliebte Brüder.«

Es fällt auf, dass die Männer diese praktische Sache zuerst mit dem Propheten Gottes besprachen. Ohne ihn wollten sie das Werk nicht beginnen. Für die unerleuchtete Vernunft erscheint das töricht. Wenn Elisa auch ein Bauernsohn war, so waren doch gewiss unter diesen Prophetenschülern solche, die mehr von der Sache verstanden als Elisa.

Auch wir haben einen Propheten, der unter uns lebt. Das ist Jesus, der Sohn Gottes. Der hat gesagt: »Ohne mich könnt ihr nichts tun« (Joh. 15,5). Das bezieht sich nicht nur auf geistliche Dinge. Auch in den praktischen Angelegenheiten des Alltags dürfen wir Ihn um Rat fragen und Seinen Segen erbitten. Ich vergesse nicht, wie meine liebe alte Mutter einmal lächelnd sagte: »Jetzt bin ich so weit, dass ich ohne meinen Heiland nicht einmal einen Pfannkuchen backen kann.« Es steckt viel geistliche Erfahrung hinter solchem Satz.

Er muss dabei sein

»*Und einer sprach: Gehe lieber mit deinen Knechten.*« Es genügt also den jungen Männern nicht, nur den Rat des Propheten einzuholen. Er selbst muss mit dabei sein. Hier sind wir an eine wichtige geistliche Wahrheit gekommen. Schon oft haben wir darauf hingewiesen, dass der Sohn Gottes gesagt hat, die Schrift des Alten Testaments zeuge von Ihm. Sie tut es in mancherlei Weise. Eine Weise ist die, dass wir in den Gottesmännern des Alten Bundes eine Abschattung Jesu sehen dürfen.

Das gilt nun auch hier, wo die Prophetenschüler nicht nur den Rat und den Auftrag ihres Meisters begehrten, sondern wo es ihnen um seine Gegenwart und sein Dabeisein ging.

Das erinnert an eine Geschichte aus dem Leben des Mose. Lesen Sie, was in 2.Mose 33 steht! Es genügte dem Mann Gottes nicht, den Befehl und Rat seines Herrn zu haben, sondern Er selbst sollte mitgehen.

Das ist sehr wichtig für uns. Es ist heute wieder einmal weithin Mode geworden, dass man Jesus in die Galerie bedeutender Menschheitslehrer einreiht. Dazu müssen wir sagen: Gewiss sind die Lehren Jesu unendlich wichtig. Und die Welt sähe anders aus, wenn alle diejenigen, die Ihn als Lehrer achten, die Bergpredigt wirklich im täglichen Leben üben wollten. Doch für Menschen, die in Jesus das letzte und endgültige Wort Gottes gefunden haben, die Ihn als die Offenbarung und als den Sohn Gottes erkannt haben, ist das alles zu wenig.

Sie wollen die Gegenwart Jesu. Sie wollen, dass Er dabei ist, wenn sie an den Jordan gehen, um Holz zu schlagen. Sie bitten Ihn bei allen Geschäften ihres Lebens: »Gehe lieber mit deinen Knechten.« Sie sagen mit dem Liederdichter: »Ach mein Herr Jesu, dein Nahesein bringt großen Frieden ins Herz hinein …«

Und er ging mit ihnen. « Wie werden sich die jungen Männer gefreut haben, als der Prophet zu ihnen trat, um mit ihnen zu ziehen! »Und er ging mit ihnen.« Das gilt erst recht von dem Heiland, auf den das Leben des Propheten hinweist. Er hat vor Seiner Himmelfahrt den Seinen versprochen:

> »Ich bin bei euch alle Tage bis an der Welt Ende.«

Das hat die Gemeinde Jesu immer neu erfahren. Jesus ging mit dem Stephanus in den Tod, so dass dieser erste Märtyrer unter dem Steinhagel seiner Mörder jubelnd rufen konnte: »Ich sehe den Himmel offen und des Menschen Sohn zur Rechten Gottes stehen« (Apostelgesch. 7,55).

So ging der Herr mit dem Apostel Paulus, als er in Philippi vor der kläglichen Versammlung einiger gottesfürchtiger Frauen sprach. Wir lesen, dass der Herr der Lydia das Herz auftat (Apostelgesch. 16,14). So geht der Herr noch heute mit Seinen Zeugen auf den Missionsfeldern und in der Heimat, die nichts verkünden wollen »als allein Jesum Christum, den Gekreuzigten« (1.Kor. 2,2). Und der Herr ging mit Paulus, als der in Korinth in eine überaus schwierige Lage gekommen war: »Ich bin mit dir« (Apostelgesch. 18,10). So geht der Herr auch heute noch mit Seinen Leuten, wenn alle Wege vor ihnen verbaut zu sein scheinen und wenn die Nöte von allen Seiten auf sie eindringen.

Darum ist es nicht Sentimentalität, wenn Jesusjünger so gern singen:

Ich mag allein nicht gehen, nicht einen Schritt:
wo du wirst gehn und stehen, da nimm mich mit.

Das ist ernst gemeint. Da geht es um eine Lebensfrage der Christen.

Treue im Irdischen

Wir sehen im Geist diese Schar vor uns, wie sie im Schweiße ihres Angesichts an der Arbeit ist. Es handelt sich um Menschen, die auch die irdischen Aufgaben recht ernst nehmen. Ein fauler Prediger des Evangeliums ist ein Widerspruch in sich selbst. Ein Christ, der im

Irdischen nicht treu ist, macht seinem Herrn lauter Schande.

Denn so wie die geistliche Bescheidenheit nicht unbedingt zum Christenstand gehört, so gehört auch die Lebensuntüchtigkeit nicht unbedingt dazu. Wir haben in unserer Geschichte Menschen vor uns, die ein Werk tapfer anpacken, das ihnen jetzt notwendig erschien. Im Brief an die Epheser schreibt Paulus:

> »Ihr Knechte, seid gehorsam euren leiblichen Herren mit Furcht und Zittern, in Einfalt eures Herzens, als Christo; nicht mit Dienst allein vor Augen, als den Menschen zu gefallen, sondern als die Knechte Christi, dass ihr solchen Willen Gottes tut von Herzen, mit gutem Willen. Lasset euch dünken, dass ihr dem Herrn dienet und nicht den Menschen« (Eph. 6,5ff).

Wir wollen nicht über dem Irdischen die himmlische Berufung vergessen. Aber wir wollen auch nicht über dem Himmlischen den irdischen Beruf gering achten. Dies ist ein gutes Gebet:

Gib, dass ich tu mit Fleiß,
was mir zu tun gebühret,

wozu mich dein Befehl
in meinem Stande führet.
Gib, dass ichs tue bald,
zu der Zeit, da ich soll,
und wenn ichs tu, so gib,
dass es gerate wohl.

Eine Wunder-Geschichte

2.Könige 6,5-7: Und da einer ein Holz fällte, fiel das Eisen ins Wasser. Und er schrie und sprach: O weh, mein Herr! dazu ist's entlehnt. Aber der Mann Gottes sprach: Wo ist's entfallen? Und da er ihm den Ort zeigte, schnitt er ein Holz ab und stieß dahin. Da schwamm das Eisen. Und er sprach: Heb's auf! Da reckte er seine Hand aus und nahm's.

»Mein Gott kann alles.«

Das ist eine seltsame Wunder-Geschichte. Der Unglaube findet sie zu wunderlich und verweist sie darum in das Gebiet der Fabel oder Legende.

Der Glaube aber erklärt diese Geschichte für wunderbar, stärkt und erquickt sich an ihr.

Es sei mir hier ein persönliches Wort erlaubt. Als junger Mensch lebte ich im Unglauben, fern von Gott. Ich liebte die Sünde. Damals war ich der Ansicht, solch eine Wunder-Geschichte sei einfach unglaublich und völlig undiskutabel. Als es aber Gott gefiel – jetzt spreche ich mit den Worten des Paulus – Seinen Sohn in mir zu offenbaren, trat ich gewissermaßen in einen Kreis des Vertrauens ein. Ich gewann Vertrauen zu dem Heiland, der mich mit Seinem Blut erkauft hat für Gott, der jetzt lebt und als der gute Hirte mir nachgegangen war. Ich gewann auch Vertrauen zu dem heiligen Gott, dem ich aus dem Wege gegangen war und den ich nach meiner Erweckung entsetzlich gefürchtet hatte. Und – darum geht es jetzt – ich gewann auch Vertrauen zu der Bibel. Sie hatte mich zu Jesus geführt. Sie hatte sich als ein starkes Lebenswort an mir erwiesen. Wo ich sie nur aufschlug, trug sie das Siegel der Wahrheit.

Ich hatte keine Lehre über die Bibel. Alle Diskussionen über die Bibel haben mich immer unendlich gelangweilt. Aber ich vertraute mich ihr an. Und ich fand keinen Grund, einer Geschichte wie der vorliegenden zu misstrauen. Wenn mir jemand seine Zweifel an solch einer Geschichte bekennt, kann ich nur aus vollster Überzeugung antworten: »Mein Gott kann solche Dinge tun. Gott, der durch Jesus mich verlorenen Menschen fand, wird ja wohl auch ein verlorenes Stück Eisen finden können.«

Unsere Verlegenheiten ...

»... *fiel das Eisen ins Wasser.*« »Pech!« würde man heute sagen. Und zwar doppeltes Pech. Denn die Axt hatte der junge Mann bei einem Bekannten geliehen. Wenn man sich klarmacht, wie wertvoll damals Eisen war, kann man verstehen, dass der Verlust der Axt ins Gewicht fiel.

War es nun wirklich »Pech«? Oder – anders ausgedrückt – war der Verlust der Axt ein unglücklicher Zufall? Ich meine nicht. Unsere Väter sagten: »Unsere Verlegenheiten sind Gottes Gelegenheiten.« Diese im Blick auf die Weltgeschichte kleine Katastrophe gab dem himmlischen Vater eine wundervolle Gelegenheit, Seine hilfreiche Macht zu offenbaren. Und da Er ja heute noch derselbe ist, dürfen wir gewiss sein, dass unsere großen und kleinen Bedrängnisse für Ihn Gelegenheiten sind, Seine Hilfe und Macht an uns zu zeigen.

Es gibt im Neuen Testament eine sehr lehrreiche Geschichte (Joh. 9). Jesus, begleitet von Seinen Jüngern, stieß auf einen elenden Menschen, der von Geburt an blind war. Bei den Jüngern regte sich sofort der Gedanke: »Wie kann Gott das zulassen?« Und so fragen sie ihren Herrn: »Offenbar ist diese Blindheit doch ein Gericht Gottes. Wer aber hat denn nun gesündigt, dieser oder seine Eltern?« Darauf antwortet ihnen Jesus: »Es hat weder dieser gesündigt noch seine Eltern, sondern dass die Werke Gottes offenbar würden an ihm.« Und dann heilt Er den Mann.

Da wird es ganz deutlich: Der Blinde war im Elend, damit Jesus Seine helfende Macht offenbaren konnte. Das Eisen fiel in den Jordan, damit der Herr helfen und Seine Liebe zeigen konnte.

Natürlich bleiben für die Vernunft viele Fragen übrig. Der Glaube aber hält sich nicht an die Vernunft. Er sagt in allen Bedrängnissen mit jenem Gottesmann, der in eine Not geriet: »Jetzt bin ich nur gespannt, wie mein Heiland damit fertig wird.«

Kehren wir an den Jordan zurück! Da stand also nun der junge Mann, schaute bestürzt auf seinen leeren Axtstiel und verzweifelt auf das Wasser, in dem das Eisen verschwunden war. Der Anblick dieses Hilflosen führt uns bis in den Kern der Bibel. Jesus hat einmal anbetend ausgerufen: »Ich preise dich, Vater, dass du solches den Weisen und Klugen verborgen hast und hast es den Unmündigen offenbart« (Matth. 11,25). »Unmündige« sind kleine Kinder, die sich in keiner Weise selber zu helfen wissen. Der junge Holzfäller war in diesem Augenblick solch ein Unmündiger geworden, ein Hilfloser. Er ist ein Abbild derer, die erkennen, dass sie Gott alles schuldig geblieben und unfähig sind, ihre Schulden zu bezahlen. Er ist ein Abbild der Menschen, die ihren verlorenen Zustand vor Gott erkannt haben, die gern selig werden wollen und in keiner Weise wissen, wie das zugehen soll. Kurz, der junge Mann dort am Jordan ist so recht ein Abbild aller derer, die Jesus »Unmündige« nennt. Und gerade solchen Leuten will Er Sein Heil offenbaren. Dass wir nur recht Unmündige würden, denen alles Vertrauen zu sich selbst und alle eigene Gerechtigkeit vor Gott in den Fluten des Jordans versinken!

... Gottes Gelegenheiten

»O weh, mein Herr!« so rief der junge Mann in seiner Verzweiflung. Er suchte nicht lange nach Auswegen, sondern er wandte sich kurzentschlossen an den Propheten Gottes.
»Der Mann Gottes sprach: Wo ist's entfallen?«
Ich könnte mir denken, dass der Prophet Elisa gescholten hätte: »Du ungeschickter Bursche! Warum hast du das Eisen nicht besser am Stiel befestigt!« So sagt er nicht. Es ist geradezu rührend, wie er sofort dem jungen Mann zur

Seite steht. Wie sehr ist der Prophet des Alten Bundes hier ein Abbild unseres großen Propheten Jesus Christus!

Der Prophet Elisa stand doch in einem großen Geisteskampf um die Herrschaft des lebendigen Gottes in Israel. Große und gewaltige Gedanken erfüllten seine Seele. Konnte er sich da kümmern um ein verlorenes Beil? War diese Sache nicht viel zu geringfügig für solchen gewaltigen Kämpfer auf dem Feld der Wahrheit?

Nein! Er nahm sich um die Sache an. Und genau so macht es unser Herr und Heiland. Wohl hat Er gesagt: »Mir ist gegeben alle Gewalt im Himmel und auf Erden.« Himmel und Erde sind Sein Feld. Sollte Er sich darum kümmern können, wenn uns ein Zahn weh tut, wenn Eltern Nöte mit ihren Kindern haben, wenn geschäftliche Sorgen uns drücken, wenn junge Menschen mit den Problemen ihres Lebens nicht fertig werden? Ist das alles nicht zu gering und zu klein für Ihn?

Nein! Sein Wort sagt: »Alle« – ja, so steht es im 1. Brief des Petrus! – »alle eure Sorgen werft auf ihn, denn er sorgt für euch.« Was ist das doch für eine unerhörte Blanko-Vollmacht!

Es gibt einen kleinen Satz im 18. Kapitel des Lukas-Evangeliums, der mich immer sehr bewegt hat: »Jesus aber stand still.« Da war Er auf dem Weg nach Jerusalem, um das Kreuz auf sich zu nehmen. Riesige Aufgaben standen vor Ihm. Er sollte »der Schlange den Kopf zertreten«. Er sollte in Seiner Auferstehung den allgewaltigen Tod besiegen. Globale Aufgaben warteten auf Ihn.

Und da rief Ihn ein blinder Bettler um Hilfe an. »Herr Jesus!« möchte man sagen. »Jetzt kannst Du Dich doch nicht um diesen Strolch kümmern! Wer weiß, was das für ein Kerl ist?!« »Jesus aber stand still und hieß ihn zu sich führen.« Welch einen Herrn haben wir, der die größten Fragen der Welt löst und dem doch unsere kleinen Nöte nicht zu gering sind!

Versinkendes wird heraufgebracht

2. Könige 6,6-7: Aber der Mann Gottes sprach: Wo ist's entfallen? Und da er ihm den Ort zeigte, schnitt er ein Holz ab und stieß dahin. Da schwamm das Eisen. Und er sprach: Heb's auf! Da reckte er seine Hand aus und nahm's.

Ist allegorische Auslegung erlaubt?

Ehe wir an die Auslegung gehen, muss etwas über das Prinzip dieser Bibelarbeiten gesagt werden.

Es ist dem Schreiber schon öfter der Vorwurf gemacht worden, dass er in unerlaubter Weise solche alttestamentlichen Texte allegorisch auslege. Da jetzt wieder einmal solche allegorische Auslegung folgen soll, ist wohl eine Erklärung in dieser Sache notwendig.

Ein Ausleger mit allegorischer Deutung alttestamentlicher Texte ist überzeugt, dass nicht nur das direkt Gesagte gemeint, sondern dass hier ein Hinweis auf Größeres und Bedeutsameres zu finden ist. Die allegorische Auslegung findet z. B. in den Opfervorschriften im 2. und 3. Mose-Buch nicht nur Kultvorschriften, die mit dem Kommen Jesu für uns abgetan sind, sondern sie findet hier überall Hinweise auf das Opfer Jesu am Kreuz, die uns das Kreuz besser verstehen lassen.

Nun ist es heute Mode geworden, solch eine allegorische Auslegung, die oft einen »doppelten Schriftsinn« entdecken will, als unerlaubte Spielerei abzutun. Da können wir nur fragen: Wer hat denn solches Bibelverständnis verboten? Nach welchem Gesetz ist es »unerlaubt«?

Ich finde im Gegenteil, dass sogar im Neuen Testament Allegorie zu finden ist. Der Apostel Paulus z. B. hat in Galater 4,24ff ein unübertreffliches Vorbild für allegorische Auslegung gegeben. Und in 1.Korinther 9,9 sagt er klar, dass ein Wort des Alten Testaments über die Ochsen gar nicht auf die Ochsen gemünzt sei, sondern eine tiefere Bedeutung habe.

Ja, der Herr Jesus selbst hat die Geschichte von der ehernen Schlange als Vorbild auf Seine Kreuzigung ausgelegt (Joh. 3,14). Und nach Matthäus 12,40 war Ihm Jonas Aufenthalt im Bauch des großen Fisches ein Sinnbild Seines Todes und Seiner Auferstehung.

Besonders ist in diesem Zusammenhang wichtig die Stelle 1.Korinther 10,4. Hier weist uns die Bibel auf ein Verständnis alttestamentlicher Geschichten, das weit über Allegorie hinausgeht. Sie sagt: Der Felsen, aus dem Mose für das dürstende Volk Wasser schlug, ist nicht nur ein Hinweis auf Jesus. Sie sagt das Unerhörte, dass der Sohn Gottes selbst der geschlagene Fels war, der Wasser gibt.

Wie weit sind wir doch zurück im geistlichen Verständnis der Bibel gegenüber den Aposteln!

Wir wollen uns also nicht scheuen, im Folgenden bei der Auslegung unseres Textes nach einem tieferen Verständnis zu forschen, nachdem wir uns in der vorigen Betrachtung das zunächst Verständliche dieser sicher wahren Begebenheit klargemacht haben.

»Aber der Mann Gottes sprach: Wo ist's entfallen?« Dazu sagt A. M. Hodgkin in dem Buch »Christus im Wort«:

»Wir können die scharf geschliffene Axt, die Kraft des Geistes zum Dienst, verlieren, entweder durch Ungehorsam, durch Mangel an entschiedener Trennung von der Welt, durch Vernachlässigung der Schrift oder des Gebetsumgangs mit Gott oder durch Mangel an Glauben.

Hast du's verloren, so gehe hin, bis du es wiedergefunden. Wo du es verloren, da wirst du es wiederfinden, sonst nirgends. Weißt du den Ort, wo dein Gehorsam versagte? Kehre zurück und du findest es gleich wieder.

Bleib nicht am Arbeiten mit dem bloßen Stiel! Das tun nur zuviele. Da gibt es dann viel Mühens und wenig Resultat. Da fliegen keine Späne mit jedem Streich.

Haben wir die Fülle des Geistes verscherzt, lasst uns des kein Hehl machen, sondern es frei bekennen. Er wird uns die Quellen wieder auftun, unsere Sünden wegnehmen und uns aufs neue aus Seiner Fülle geben.«

Das Wunderholz

»... schnitt er ein Holz ab und stieß dahin. Da schwamm das Eisen.« Die unerleuchtete Vernunft sträubt sich gegen diesen Bericht. Aber seitdem ich die Auferstehung Jesu von den Toten begriffen habe, weiß ich, dass unserm Gott kein Ding unmöglich ist. Und aus meiner Erfahrung weiß ich, dass unser Herr Wunder tut, um auch in unsern kleinen Nöten zu helfen. Ein alter Ausleger sagt dazu:

> »Darum sollten Kinder Gottes in keiner Ungelegenheit kleinmütig zagen, sondern Gott vertrauen und desto fleißiger im Gebet sein.«

Aber nun lasst uns auch auf das achten, was diese Geschichte uns sagt über das hinaus, was auf der Hand liegt.
Da steht der junge Mann am Ufer des Jordans und sieht, wie seine wertvolle Axt hoffnungslos versinkt. Ich stehe im Geist neben ihm. Und da sehe ich, wie noch viel, viel Wertvolleres versinkt – versinkt in dem Strom des Lebens ohne Gott. Ich sehe junge Menschen, die versinken

in Unglauben, in Stumpfsinn, in Zynismus, in geistigen und geistlichen Tod. Ich sehe sie versinken in Vergnügungssucht und in sexuellen Schmutz. Ich sehe alte Menschen, die versinken in Verbitterung, ja, oft in Verzweiflung und in trostlose Einsamkeit. Ich sehe Christenleute, deren geistliches Leben versinkt in irdische Geschäftigkeit, in Sucht nach Reichtum und Geld, in Verlangen, Ehre bei den Menschen zu gewinnen. Ich sehe Gebetsleben untergehen, weil man Gott nicht mehr traut. Ich sehe Reinheit untergehen, weil man des Kampfes müde geworden ist. Ich sehe Liebe versinken, weil der Kampf ums Dasein uns zu Raubtieren macht.
Wenn ich an alle die versinkenden Seelen denke, möchte ich mit jenem Mann am Jordan entsetzt schreien: »O weh, mein Herr!«
Aber nun lese ich die seltsame Geschichte von dem Holz, das der Mann Gottes Elisa in das Wasser stieß und damit das verlorene Eisen wieder heraufbrachte.
Gibt es nicht auch ein Holz, das versinkende Menschenseelen herausholt aus den Tiefen? O ja, es gibt solch ein Wunderholz. Es ist das Kreuz des Gottessohnes. Vor 2000 Jahren wurde es von Gott selbst hineingestoßen in den flutenden Strom der Menschenwelt.
Wie das Holz des Elisa alle Naturgesetze um-

kehrte, so vollbringt dies Kreuz erst recht dieses Wunder. Es ist die Kraft des Kreuzes Christi, dass es in der Tat die Natur überwindet. Ich denke an den Schächer, der neben Jesus am Kreuz hing. Sein Leben hatte sich wohl folgerichtig entwickelt: üble Erbanlagen, ohne rechte Erziehung, schlechte Gesellschaft – so sank er, bis er ein Verbrecher war – bis er gerichtet am Kreuz hing. So musste er weitersinken bis zur Hölle. Aber nun steht neben ihm das Kreuz Jesu. Er sieht, er begreift, er glaubt, er ruft an. Und – das Sinken ist zu Ende. Er steigt auf aus den Fluten des Verlorenseins. »Heute wirst du mit mir im Paradiese sein.« O Wunderholz des Kreuzes!

Oder wir denken an den jungen Saulus, der später der Apostel Paulus wurde. Seine Seele war nicht in Sünde und Schande versunken. Im Gegenteil! Er suchte mit Eifer die Gerechtigkeit vor Gott. Er war untadelig im Gesetz. Aber er war versunken in Selbstgerechtigkeit. Für einen großen Sünder ist oft mehr zu erhoffen als für einen selbstgerechten Menschen, der an sich selbst Wohlgefallen und der keine Ahnung hat von der Bosheit und Verlorenheit seines Herzens.

Aber dieser Saulus gelangt am Ende auch unter das Kreuz Jesu Christi. Und nun taucht seine Seele auf in das helle Licht der Wahrheit. Er erkennt sich selbst und wird ein Kind Gottes, das die Gnade in Jesus rühmt und das als Bote Jesu Christi das Angesicht des Abendlandes verwandelt hat. So sehr lebte die Kraft Gottes in ihm.

Er bekannte – und damit schließen wir diese Betrachtung: »Das Wort vom Kreuz ist eine Kraft Gottes für uns, die wir errettet werden.«

Vergebliches Planen

2.Könige 6, 8-10: Und der König von Syrien führte einen Krieg wider Israel und beratschlagte sich mit seinen Knechten und sprach: Wir wollen uns lagern da und da. Aber der Mann Gottes sandte zum König Israels und ließ ihm sagen: Hüte dich, dass du nicht an dem Ort vorüberziehest; denn die Syrer ruhen daselbst. So sandte denn der König Israels hin an den Ort, den ihm der Mann Gottes gesagt und vor dem er ihn gewarnt hatte, und war daselbst auf der Hut; und tat das nicht einmal oder zweimal allein.

In dem nördlichen Teil des alttestamentlichen Gottesvolkes, in Israel, regierte der König Joram. Sein Gegner, der ihm keine Ruhe gönnte, war der syrische König Benhadad. Unsere Textgeschichte erzählt uns aus den Kämpfen zwischen Joram und Benhadad. Wir hören, dass auch der Prophet Elisa in diese Unruhen verwickelt wurde.

Christen sind Realisten

Kriegsrat in Syrien! Da waren gewiss tüchtige Offiziere und erfahrene Strategen versammelt. Und ich bin gewiss, dass ihre Pläne klug und für Israel gefährlich waren. Und doch – das sei hier gleich vorweggenommen – wurde aus diesen Plänen nichts. Mit dieser betrüblichen Erfahrung steht Benhadad nicht allein. Unsere Gegenwart kann genug erzählen von großen und klugen Plänen, die in nichts zerronnen sind. Wer darauf achthat, wird das Wort Jakobus 4,13ff ernstnehmen:

»Wohlan nun, die ihr saget: Heute oder morgen wollen wir gehen in die oder die Stadt und wollen ein Jahr da liegen und Handel treiben und gewinnen; die ihr nicht wisset, was morgen sein wird. Denn was ist euer Leben? Ein Dampf ist's, der eine kleine Zeit währt, danach aber verschwindet er. Dafür ihr sagen solltet: So der Herr will und wir leben, wollen wir dies oder das tun.«

Die Welt hält ernsthafte Christen oft für Phantasten. Das Gegenteil ist wahr: Die Welt, die nicht mit dem lebendigen Gott rechnet, übersieht – wie ein Träumender – die Wirklichkeit. Gott ist wirklich. Und wer ohne Ihn kalkuliert, wird irgendwann erfahren: »Beschließt einen Rat, und es werde nichts daraus«(Jes. 8,10).

»... *führte einen Krieg wider Israel.*« Wir kommen mit dem Alten Testament nicht zurecht, wenn wir übersehen, dass es sich hier nicht um irgendeine der unzähligen Kriegsgeschichten handelt. Israel ist »die Kirche im Alten Testament«. Israel ist Gottes erwähltes Volk. Und wie Israel damals keine Ruhe hatte, so geht es bis zum heutigen Tag.

Wir sind im Kampfe Tag und Nacht.
O Herr, nimm gnädig uns in acht
und steh uns an der Seite.

Petrus sagt (1.Petr. 5,8): »Der Teufel geht umher wie ein brüllender Löwe und sucht, welchen er verschlinge.« Und der Apostel Paulus hat mehrfach den Jesusjünger beschrieben als einen Kriegsmann, der in seiner Rüstung dem Feind entgegentritt oder auf Wache steht.

Um des Bundes willen

»*Der Mann Gottes sandte zum König Israel.*« Hier hören wir, dass der Prophet Elisa in diesen

Kampf eingreift. Er ist so recht wieder ein Vorbild des Herrn Jesus. Wenn der nicht wachte über Seiner Schar und eingriffe in den Kampf, wäre die Gemeinde wohl bald verloren. Seitdem Er am Kreuz sich als der gute Hirte erwiesen hat, der nicht flieht wie der Mietling, sondern stirbt für die Herde (Joh. 10), bleibt Er auch als der Auferstandene der, von dem wir singen: »Es streit' für uns der rechte Mann, den Gott hat selbst erkoren.«

Elisa schickt dem König Joram rechtzeitig Warnungen, durch die Benhadads Pläne vereitelt werden. Eigentlich war Joram das gar nicht wert. Er gehört zu den trüben Erscheinungen auf dem Thron Israels. Wir müssen dazu 2. Chronik 21,5ff lesen. Da lernen wir ihn kennen. Aber zugleich erfahren wir auch, warum der Herr in Seiner Barmherzigkeit ihm trotzdem beistand. »Um des Bundes willen!« Wie stellt dieses eine Wort uns ganz und gar in das Neue Testament! Wenn der Herr mit uns handeln wollte, wie wir es verdient haben, dann wären wir alle miteinander verlorene Leute. Aber um des Bundes willen, den Er mit uns auf Golgatha geschlossen hat, dürfen wir unter der Gnade stehen.

Christen sind verantwortlich für ihre Kirche

»Der Mann Gottes sandte zum König Israels

und ließ ihm sagen: »Hüte dich ...« Israel, »die Kirche im Alten Bund«, war in trüber Verfassung. Der Geist der Welt hatte viel Einfluss gefunden. Und Elisa stand oft recht allein mit den Seinen. Trotzdem hören wir hier, dass er sich für dies arme Israel verantwortlich fühlte. Er stand dazu, obwohl er selber in dieser Kirche viel Verachtung und Schmach tragen musste.

Sollten wir nicht von ihm lernen? Wie oft werden wir gefragt: »Warum nörgelt ihr denn immerzu an der Kirche herum?« Da können wir nur auf Elisa verweisen, der uns kleinen Leuten ein Vorbild ist, und sagen: »Wie der Elisa das alttestamentliche Gottesvolk gewarnt hat vor dem Verderben, so wollen wir auch tun. Denn es ist unsere Kirche, und wir haben sie lieb, und wir sind für sie verantwortlich vor Gott.«

Ich weiß von einem Manne, der lange in Sünden gelebt hatte. Dann wurde er vom Herrn Jesus gefunden und erlebte eine gründliche Wiedergeburt. Nun aber ging ihm der armselige Zustand der Kirche auf. So erklärte er eines Tages einem Bruder, er wolle aus dieser Kirche austreten. Der Bruder antwortete ihm: »Du hast als Glied dieser Kirche gesündigt und hast dein gutes Teil Schuld, dass es in ihr oft so übel zugeht. Nun willst du deiner Verantwortung weglaufen?« Das Wort traf den Mann, und er erkannte, dass er jetzt mitkämpfen müsse, damit in dieser Kirche das rettende Evangelium als helles Licht auf dem Leuchter bleibe.

Gefährliche Orte

»*Hüte dich, dass du nicht an dem Ort vorüberziehest* ...« Es gibt also Orte, die für Gottes Volk gefährlich sind. So möchte man heute manchem jungen Menschen zurufen: »Hüte dich vor dieser oder jener Party, denn der altböse Feind hat es auf dich abgesehen!« Der Petrus hätte sich großes Leid erspart und wäre nicht so tief gefallen, wenn er sich nicht zwischen die Kriegsknechte gesetzt hätte in jener Karfreitagnacht. Und Israel wäre ebenfalls viel Leid erspart geblieben, wenn es sich nicht mit den Moabitern eingelassen hätte (4.Mose 25).
Es ist heute Mode geworden, mit Nachdruck zu erklären: »Die Christen gehören in die Welt! Christen müssen mit der Welt solidarisch sein!« Diese Parole ist einfach ungeistlich und ungöttlich. Ja, wenn damit unsere Verantwortung für die irdischen Angelegenheiten gemeint wäre! Dann wären wir wohl einverstanden. Da heißt es immer: »Suchet der Stadt

Bestes!« Aber darum geht es hier nicht. Es ist für Jesus-Jünger oft eine klare Scheidung von der Welt und ihrem Wesen nötig. Das »Hüte dich!« des Propheten gilt heute noch! Es gibt genug Stellen, an denen der Feind auf uns lauert.

Unter den Auslegern ist eine ziemliche Verwirrung, wie die Warnung des Propheten zu verstehen sei: ob er den Joram mahnte, einem Hinterhalt der Syrer aus dem Wege zu gehen, oder ob er ihn aufforderte, Plätze schnell zu besetzen, auf die die Syrer es abgesehen hatten. Nun, das scheint mir unwichtig zu sein. Wir verstehen schon, um was es ging: Die Pläne Benhadads wurden durch die Warnung des Propheten vereitelt. Benhadad musste erfahren, was der weise König Salomo in seinen »Sprüchen« sagt:

»Es hilft keine Weisheit, kein Verstand, kein Rat wider den Herrn.«

Wundern muss man sich, dass der gottlose König Joram dem Propheten so blindlings folgte. Er hatte also Respekt vor dem Manne Gottes. Aber – dieser Respekt führte doch nicht dazu, dass Joram sich zum Herrn bekehrt hätte. Man kann eine große Ehrfurcht vor der Kirche, ih-

ren Predigern und Einrichtungen haben und doch mit dem Herzen fern sein vom Reich Gottes. Der König Herodes glaubte ja auch den Schriftgelehrten, als sie ihm sagten, der Messias werde in Bethlehem geboren. Trotzdem zog er nicht mit den Weisen dorthin, vielmehr hegte er Mordgedanken in seinem Herzen.
Es ist etwas Unheimliches um ein Christentum, bei dem man wohl ein Stücklein auf dem Weg der Wahrheit geht, aber nicht zu einer wirklichen Wiedergeburt kommt. Tersteegen sagt:

> *Wer sich nicht ganz dem Herrn will geben,*
> *der führt ein wahres Jammerleben.*
> *Brich durch, es koste, was es will,*
> *sonst wird dein armes Herz nicht still.*

Das Verborgene ist nicht verborgen

2.Könige 6,11-14a: Da ward das Herz des Königs von Syrien voll Unmuts darüber, und er rief seine Knechte und sprach zu ihnen: Wollt ihr mir denn nicht ansagen: Wer von den Unsern hält es mit dem König Israels? Da sprach seiner Knechte einer: Nicht also, mein Herr König; sondern Elisa, der Prophet in Israel, sagt alles dem König Israels, was du in der Kammer redest, da dein Lager ist. Er *sprach: So gehet hin und sehet, wo er ist, dass ich hinsende und lasse ihn holen. Und sie zeigten ihm an und sprachen: Siehe, er ist zu Dothan. Da sandte er hin Rosse und Wagen und eine große Macht.*

Ungöttlicher Zorn

»*Da ward das Herz des Königs von Syrien voll Unmuts darüber.*« Hier hat Luther ein wenig zu zahm übersetzt. Wo er sagt »voll Unmuts«, steht im Hebräischen (das Alte Testament ist ja ursprünglich in der hebräischen Sprache geschrieben) das Wort »saar«, das »toben« oder »stürmen« heißt. Das Wort findet sich z. B. Jona 1,11: »Das Meer fuhr ungestüm.« Das Herz Seiner Majestät, des Königs Benhadad, war also wie ein tobendes Meer voll Zorn und Wut. Und warum? Weil seine Pläne scheiterten, weil es nicht nach seinem Kopf und Willen ging.

Wie wir das kennen, dies Wüten und Bösesein, weil die Dinge nicht so gehen, wie wir es wollen! Ich kann das schon bei meinen kleinen Enkeln beobachten, wie so ein Kind völlig die Fassung verliert, wenn es nicht seinen Willen bekommt. Und uns Großen geht es genauso. Die Bibel erzählt uns dafür mancherlei Beispiele:

Da war der König Ahab. Er wollte gern den Weinberg des Naboth kaufen, der mit dieser Überlassung aber nicht einverstanden war.

1.Könige 21,4 lesen wir: »Und der König legte sich auf sein Bett und wandte sein Antlitz und aß kein Brot.« Kein sehr schönes Bild, dieser schmollende König. Nun, ihr Männer, fragt euch, ob eure Frauen euch nicht auch schon in solch armseliger Pose gesehen haben! Und umgekehrt kann's auch geschehen, dass das Herz der Frau tobt wie ein stürmisches Meer, weil es nicht nach ihrem Kopf geht.

Oder die Geschichte vom König Herodes, den die Weisen aus dem Morgenland aufgesucht hatten. »Da Herodes sah, dass er von den Weisen betrogen war, ward er sehr zornig« (Matth. 2,16). Jetzt tobte es in seinem Herzen, und es riss ihn hin zu dem gräßlichen Kindermord.

»Nun ja«, sagen wir vielleicht. »Ahab, Herodes und Benhadad waren gottlose und böse Machthaber. Ein böser Baum kann nur böse Früchte bringen.« Aber in der Bibel steht auch eine Geschichte von einem Gottesmann, der ebenso böse wurde, als die Dinge nicht nach seinen, sondern nach Gottes Gedanken liefen. Man kann das nachlesen in Jona 4, wo der Prophet des Herrn zornig ausruft: »Ich wollte lieber tot sein als leben!« Der Herr weist ihn zurecht in großer Geduld. Er macht aber dem Jona und uns deutlich, dass solches Zornigsein Sünde ist.

Wir hüten uns mit Fleiß vor groben Sünden. Doch im Hohenlied steht: »Fangt uns die kleinen Füchse, die den Weinberg verderben.« Hier ist einer von den kleinen Füchsen, die Gottes Weinberg verderben: dies Launischsein, dies Schmollen, dies Zornigwerden, dies Beleidigtsein, wenn's nicht nach unserem Kopf und Willen geht. Wie viel ist dadurch in Familien und Gemeinschaften zerstört worden!

Anders klingt es in dem Vers: »... ebnen soll sich jede Welle, denn mein König will sich nahn ... All mein Wunsch und all mein Wille gehn in Gottes Willen ein.«

Kehren wir zu Benhadad zurück! In seinem Herzen tobte der Sturm. Darum kam er auch zu keiner ruhigen Überlegung. Keinen Augenblick tauchte ihm der Gedanke auf, seine Pläne seien durchkreuzt, weil der Herr selbst sich Seines Volkes Israel erbarmte.

»Er rief seine Knechte und sprach zu ihnen: Wollt ihr mir denn nicht ansagen: Wer von den Unsern hält es mit dem König Israels?« Es ist die Kehrseite der Macht, dass man immer und immer Verrat fürchtet. Je mehr unser Herz Einfluss begehrt, desto misstrauischer wird es gegen alle, von denen wir fürchten, sie könnten unsern Einfluss schmälern wollen. Dies Misstrauen ist die Krankheit der Großen in der Welt ebenso

wie die der kleinen Haus-, Familien- und Vereinstyrannen.

Der Herzenskündiger

Irgend jemand aus der Umgebung des Benhadad klärt nun den König auf: »*Elisa, der Prophet in Israel, sagt alles dem König Israels, was du in deinem Schlafzimmer redest.*« Hier müsste der Benhadad eigentlich erschrecken. Hier müsste ihm aufgehen, dass er gegen Gottes Volk kämpft, dass der lebendige Gott selbst sein Gegner ist, dass alle seine dunklen Pläne von Gott erkannt sind. Er müsste sich doch wie ein von Gott Ertappter vorkommen. Darum haben bedeutende Prediger darauf hingewiesen, dass diese Stelle ein Beispiel für das ist, was der 139. Psalm sagt:

»Es ist kein Wort auf meiner Zunge, das du, Herr, nicht alles wissest.« Und: »Du verstehst meine Gedanken von ferne.«

Vor Gott gibt es kein Privatleben, das Ihn nichts anginge, keine geschützte Intimsphäre.
Der Wuppertaler Erweckungsprediger Gottfried Daniel Krummacher sagte zu unserem Text in einer Predigt:

»Gar häufig geschieht es, dass sich euch auf den verdeckten Sündenwegen unversehens die Kriegsmacht unsres kirchlichen Worts entgegenstellt; das Wort trifft und entlarvt euch vor euch selbst, indem es euch das vollständige Bild eures Herzens und Lebens plötzlich hell vor die Augen malt und euch in der ganzen Schande eurer Blöße wie an den Pranger stellt. Da wird's euch darin eng und schwül in den Kirchenbänken: ›Wir sind entdeckt, belauscht, verraten!‹ Und freilich seid ihr das, nur nicht, wie ihr meint, von dem und jenem; sondern von jenen zwei Augen in der Höhe, die wie Feuerflammen sind. O möchtet ihr in dergleichen Augenblicken das auch erkennen, damit die peinliche Bestürzung, die euch ergreift, heilsamere Früchte triebe, als es meist der Fall ist. Gewöhnlich aber macht ihr's wie Benhadad und sucht den Verräter in dem Prediger, der euch entlarvte, oder in der Umgebung, in der ihr lebt. Und statt einer reumütigen Beugung und Beschämung vor dem hohen Gott bleibt eine argwöhnische Verstimmung gegen eure Gesellen oder ein bitterer Hass wider den Mann, in dessen Wort der große Herzenskündiger euer Bild verschob, das Einzige, was ihr aus einem Moment, der einen seligen Wendepunkt eures Lebens hätte anbahnen können, als traurige Beute mit heimnehmt.«

So sagte Gottfried Daniel Krummacher. Und sein Neffe, Friedr. Wilh. Krummacher, rief zu unserm Text in einer Predigt aus:

»Lasst's euch grauen, ihr verkappten Sünder, dass alles so bloß und entdeckt ist vor Seinen Augen, und erschreckt nur bei dem Gedanken, dass auch die Vorhänge, hinter denen ihr euer Wesen treibt, für Ihn nicht da sind. Was ihr in euren Winkeln vornehmt, findet ihr heute oder morgen alles in Sein Buch geschrieben, und wie verstohlen und fein ihr euer Gewebe spinnt, kein Fädchen entzieht sich Seinen Blicken.«

Hierzu müssen wir aber noch sagen: Das ist die Art, wie Gott zu Seinem Sohn zieht. Je mehr wir in unsern eigenen Augen zu Sündern werden, weil wir im Licht vor Gottes Augen unser böses Herz aufgedeckt sehen, desto mehr lernt unser Herz schreien nach dem, der uns unsere Sünde vergeben und uns ein neues Herz schenken kann. Und wer anders könnte das sein als der Sohn Gottes, der am Kreuz für unsere Schuld bezahlt und mit dem wir uns im Glauben als Gestorbene ansehen dürfen, damit wir mit Ihm auferstehen zu einem Leben vor Gottes Augen und im Licht?!

Zu unserm Vers bleibt uns nun noch die Frage: Wer mag denn wohl der Mann gewesen sein in Syrien, der den Propheten Elisa so genau kannte und der so Bescheid wusste über die Art, wie Gott unsere Pläne aufdeckt?

Viele alte Ausleger sind der Ansicht, das könne niemand anders gewesen sein als der Naeman. Wir wissen, dass dieser Feldhauptmann durch Elisa vom Aussatz geheilt worden und durch dies Erlebnis zum Glauben an den wirklichen Gott geführt worden war.

Die Bibel bestätigt uns das nicht. Sie nennt hier keinen Namen. Aber möglich ist es schon, dass der Naeman jetzt eine Gelegenheit fand, ein Zeugnis für den Propheten Elisa abzulegen.

Den Benhadad hat das erschreckende Erlebnis nicht beeindruckt. Er beschloss vielmehr in seinem Zorn, diesen Elisa unschädlich zu machen.

Wie lächerlich ist das! So haben die Feinde der Wahrheit immer gemeint, man könne die göttliche Wahrheit zum Schweigen bringen, wenn man erst die Zeugen der Wahrheit zum Verstummen bringe. Aber: »Beschließt einen Rat, und es werde nichts daraus!« (Jesaja 8,10).

Ein Herz in Not

2.Könige 6,14-17: Da sandte er hin Rosse und Wagen und eine große Macht. Und da sie bei der Nacht hinkamen, umgaben sie die Stadt. Und der Diener des Mannes Gottes stand früh auf, dass er sich aufmachte und auszöge; und siehe, da lag eine Macht um die Stadt mit Rossen und Wagen. Da sprach sein Diener zu ihm: O weh, mein Herr! Wie wollen wir nun tun? Er sprach: Fürchte dich nicht! denn derer ist mehr, die bei uns sind, als derer, die bei ihnen sind. Und Elisa betete und sprach: Herr, öffne ihm die Augen, dass er sehe! Da öffnete der Herr dem Diener die Augen, dass er sah; und siehe, da war der Berg voll feuriger Rosse und Wagen um Elisa her.

Von Feinden umstellt

»*Da sandte Benhadad hin … eine große Macht.*« Dieser Satz erinnert den Bibelkenner an die Geschichte von der Gefangennahme Jesu im Garten Gethsemane. Dort sagt Jesus im Blick auf die gegen Ihn ausgesandte Streitmacht: »Ihr seid zu mir gekommen mit Schwertern und mit Spießen, mich zu fangen.« Und wenn auch die Geschichte in Dothan ganz anders ausging als in Gethsemane, so wird hier doch an diesem kleinen Zug wieder einmal deutlich, dass alle Knechte Gottes mehr oder weniger das Kreuzeszeichen tragen. Die Kraft Gottes zeigt sich im Leben Seiner Knechte immer dann, wenn ihre eigene Hilflosigkeit und Schwachheit offenbar ist. Paulus sagt im 2. Brief an die Korinther (12,9): »Darum will ich mich am allerliebsten rühmen meiner Schwachheit, auf dass die Kraft Christi bei mir wohne.«

Vers 14 zeigt die völlige Ohnmacht des Propheten. Wer sich aber die Mühe macht, seine Bibel aufzuschlagen und den ganzen Abschnitt bis Vers 23 zu lesen, wird sehen, wie die Kraft Gottes beim Elisa sichtbar wurde: zuerst die Kraft des Glaubens und dann die Kraft der Liebe.

»... *umgaben sie die Stadt*.« Dothan liegt auf einem Hügel. Wir können also annehmen, dass die Syrer sich rings um diesen aufstellten und so einen festen Ring um Dothan schlossen. Dann warteten sie den Morgen ab, um die Stadtverwaltung aufzufordern, den Propheten auszuliefern, oder, falls sie sich weigerte, sich der Stadt zu bemächtigen.

Hier müssen wir noch einmal auf die völlige Hilflosigkeit und Ohnmacht des Elisa hinweisen. Sein König Joram, dem er doch nützlich gewesen war (siehe Vers 9!), konnte ihm offenbar nicht helfen, wenn er nicht einmal verhindern konnte, dass die Syrer ohne jedes Recht in Israel einbrachen, um sich einen Mann herauszuholen. Man wird an die Begebenheit erinnert, wie während des Hitler-Reiches deutsche SS in das kleine Fürstentum Liechtenstein eindrang und sich einiger Juden bemächtigte, die sie dann in gepanzerten Autos über Schweizer Gebiet – indem sie die Schlagbäume durchbrachen – nach Deutschland verschleppte. »Der Starke nimmt sich sein Recht«, hieß es damals zu Zeiten des Elisa und heute.

Wie ohnmächtig war Elisa! Die Bürger zu Dothan würden wohl auch keinen Finger gerührt haben für den Mann Gottes, der ihnen so unerschrocken ihre Sünden vorhielt. Kirchen können wohl zuzeiten sehr mächtig sein. Aber die wahre Gemeinde Jesu Christi steht unter dem Wort ihres Herrn: »Siehe, ich sende euch wie Schafe mitten unter die Wölfe.«

Und doch – und das will unser Bericht zeigen – ist die Gemeinde des Herrn gar nicht so schutzlos. Im Gegenteil! Auf ihrer Seite steht der Herr, dem alle Gewalt gegeben ist im Himmel und auf Erden. Aber um das zu fassen, muss man wirklich glauben und mit dem lebendigen Herrn rechnen können. Das ist dann eine andere Rechnung, als die Vernunft sie aufmacht.

Solch einen Glauben allerdings brachte der Diener des Elisa nicht auf. Bei ihm ist nur Schrecken und Furcht, als er die syrischen Soldaten erblickt. »*O weh, mein Herr!*« ruft er erschrocken aus.

Auf der Seite des Siegers

Wenn hier von einem Diener die Rede ist, dann dürfen wir nicht meinen, der arme Prophet sei wie ein reicher Herr mit Bediensteten gereist. Es war wohl so, dass jeweils einer der Prophetenschüler den Elisa auf seinen Reisen begleitete. In Markus 6,7 lesen wir: »Jesus sandte seine Jünger je zwei und zwei …« Das ist eine barmherzige Regel, dass der Herr Seinen Boten Brüder an die Seite stellt. Denn Er weiß, wie bald unser Herz in der Einsamkeit furchtsam und verzagt wird.

Die Ausleger haben die Frage aufgeworfen, wer denn dieser Diener des Elisa gewesen sei, ob das nun doch wieder der Gehasi war, von dem wir in den vorigen Abschnitten so oft gehört haben. Nun ist uns ja Kapitel 5,27 berichtet worden, dass der Gehasi wegen eines Betruges von Gott mit Aussatz geschlagen worden war.

Allerdings taucht er in Kapitel 8,4 wieder auf, offenbar als geheilter Mann. Also hat sich Gott über ihn erbarmt.

Doch ist nicht anzunehmen, dass Gehasi hier schon wieder bei Elisa war. Denn überall, wo Gehasi auftritt, wird er mit Namen genannt. Hier aber ist geradezu betont der Name verschwiegen. Es wird sich also um einen unbekannten jungen Prophetenschüler gehandelt haben.

Den dürfen wir nun nicht verachten darum, dass er jetzt nicht glaubte, sondern nur Verderben sah und sich verloren gab. Was hätten wir in solcher Lage wohl getan? Erinnern wir uns doch, wie oft wir bei viel geringeren Anlässen nur auf die Nöte und Schwierigkeiten geschaut haben, anstatt mit dem Herrn zu rechnen, der den Seinigen verheißen hat: »Ich will dich nicht verlassen noch versäumen.«

Ja, dieser junge Mann kann uns sogar ein Vorbild sein. Er machte nicht verzweifelt Pläne, wie man sich retten könne. Er wandte sich an Elisa und rief: »*Wie wollen wir nun tun?*«

Hier ist zweierlei wichtig:

a) Er sagt »wir«. Er hätte doch überlegen können: »Diese Syrer haben es gewiss auf den Elisa abgesehen. Wenn ich mich nun schnell von Elisa trenne, dann kann ich mich selbst in

Sicherheit bringen.« So denkt er nicht. Er will unter allen Umständen bei dem Mann bleiben, durch den sich zu seiner Zeit der Herr offenbarte.

So sollte es auch bei uns sein, dass – mögen die Schwierigkeiten in unserm Leben sich auch häufen – wir bei unserm Offenbarer Gottes, bei unserm Propheten, dem Herrn Jesus, bleiben wollen. Dass wir doch immer mit dem Asaph sprechen möchten: »Dennoch bleibe ich stets bei dir, denn du hältst mich bei meiner rechten Hand. Du leitest mich nach deinem Rat ...« (Psalm 73,23f).

b) Der junge Prophetenschüler suchte nicht selbst nach einem Ausweg, sondern wandte sich an den Propheten Gottes: »Wie wollen wir nun tun?«

Genauso hat es die Gemeinde des Neuen Bundes gemacht, als sie in eine ähnliche Lage kam wie Elisa hier. Davon berichtet uns das 4. Kapitel der Apostelgeschichte: Der Hohe Rat hatte der Gemeinde angedroht, es würde ihr schlecht ergehen, wenn sie noch weiter den Namen Jesu in Jerusalem bekannt machen würde. Was war nun die Antwort der Gemeinde? Sie suchte nicht bei sich selbst Rat, sie machte nicht kluge Pläne. Sie wandte sich an ihren Herrn, legte dem die verzweifelte Lage vor und überließ es Ihm, wie Er retten wolle. Nur darum bat sie, dass der Herr sie bei sich erhalte.

> »Und als man sie hatte gehen lassen, kamen sie zu den Ihren und verkündigten ihnen, was die Hohenpriester und Ältesten zu ihnen gesagt hatten. Da sie das hörten, hoben sie ihre Stimme auf einmütig zu Gott und sprachen: Herr, der du bist der Gott, der Himmel und Erde und das Meer und alles, was darinnen ist, gemacht hat ... Herr, siehe an ihr Drohen und gib deinen Knechten, mit aller Freudigkeit zu reden dein Wort.«

Der Prophet ist überzeugt: »Ein Mann mit Gott ist immer in der Majorität.« So kann er seinem erschrockenen Diener nun das Wörtlein sagen, das in der Bibel so oft vorkommt: »*Fürchte dich nicht!*« Es ist unserm Gott so sehr darum zu tun, dass Seine Kinder alle Furcht von sich werfen und Ihm vertrauen.
»*Herr, öffne ihm die Augen*«, betet Elisa. Und sein Gebet wird erhört. Welch eine Macht ist doch die Fürbitte! So dürfen wir für geistlich Blinde bitten. Und der Herr hört uns.
Und nun sieht der furchtsame Diener Elisas,

wie am Berghang, auf dem die Stadt gebaut war, also zwischen den Reihen der Feinde und der Stadt, Gottes herrliche Heere bereitlagen zum Schutz der Seinen.

Sehen auf das Unsichtbare

In den Versen 16 und 17 wird uns gezeigt, was der rechte, vom Geist Gottes gewirkte Glaube vermag: Er sieht, was andere nicht sehen; er rechnet mit der Wirklichkeit, die dem Unglauben verhüllt ist; er bleibt gelassen, wo der Unglaube verzweifelt; er ist wahrhaft »aufgeklärt«, wo der Unglaube blind ist; er weiß sich geborgen, wo der Unglaube sich verloren gibt.

Ein seltsames, paradoxes Wort – ein Wort, das der unerleuchteten Welt geradezu lächerlich vorkommen muss – hat der Apostel Paulus in seinem zweiten Brief an die Christen in Korinth geschrieben (4,17f):

> »Unsere Trübsal, die zeitlich und leicht ist, schafft eine ewige und über alle Maßen wichtige Herrlichkeit uns, die wir nicht sehen auf das Sichtbare, sondern auf das Unsichtbare. Denn was sichtbar ist, das ist zeitlich; was aber unsichtbar ist, das ist ewig.«

Es geht jetzt nicht darum, dies Wort auszulegen, in dem der Apostel von dem Blick der Christen in die zukünftige Welt spricht. Worauf es uns ankommt, ist dies: Jesus-Leute stehen in den »Trübsalen« anders da als urerleuchtete Weltmenschen (das sehen wir ja an Elisa!), weil sie »sehen auf das Unsichtbare«.

Das erscheint geradezu widersinnig: »Sehen auf das Unsichtbare«! Aber gerade darum geht es in der Elisa-Geschichte. Der unerleuchtete Blick des Prophetenschülers sieht ebensowenig wie die syrischen Soldaten, dass sich zwischen Elisa und die feindliche heidnische Streitmacht ein Heer Gottes geschoben hat. Der Glaubensblick des Elisa aber sieht es. Und als seinem Diener auf sein Gebet hin die Augen geöffnet werden, sieht auch der, dass der ganze Hügel besetzt ist von »feurigen Kriegswagen und Reitern«.

Die blinde Welt sieht das Unsichtbare nicht. Sie redet wohl gelegentlich vom »Herrgott«. Aber sie sieht nicht mit den Augen des Glaubens den wirklichen, lebendigen, dreieinigen Gott. Darum kennt sie Ihn nicht. Alles, was zur unsichtbaren Welt gehört, Engel und Heerscharen Gottes, »Fürstentümer und Gewalten, Mächte, die die Thronwacht halten«, sind ihr nur ein Spott, eine unzeitgemäße und unmoderne Vor-

stellung. Mit einem Blinden kann man nicht streiten, wenn er leugnet, was unsere Augen sehen. Ebenso wenig hat es einen Sinn, mit der Welt zu diskutieren über Dinge, die sie einfach nicht verstehen kann, weil sie blind ist. Der englische Erweckungsprediger Spurgeon hat einmal gesagt: »Der Glaube ist ein sechster Sinn.«
Der Elisa sah wohl die Streitmacht der Syrer, die drohend gegen ihn aufmarschiert war. Aber er wandte den Blick von ihr weg auf das Unsichtbare, das er sah, auf das Heer Gottes. Das heißt »glauben«: Nicht auf das sehen, was vor Augen ist, sondern auf das Unsichtbare. Genauso hat es auch der Vater der Gläubigen (Röm. 4,11), Abraham, gemacht. Man muss jetzt einmal 1.Mose 15 lesen. Paulus hat diese Geschichte in Römer 4 aufgegriffen im Blick auf den rettenden Glauben, der die Heilszusage der Vergebung im Kreuze Jesu ansieht: So wie Abraham nicht auf seinen erstorbenen Leib sah, sondern auf Gottes Zusage, so sieht der Glaube nicht auf sich selbst (da sind nur Verlorenheit, Schuld und Sünde), sondern er sieht auf das Kreuz Jesu, in dem Gott den Glaubenden Sein Heil zeigt: Vergebung der Sünden, Frieden und ewiges Leben.
Woltersdorf sagt das in einem Liedvers so: »Wenn ich mich selbst betrachte (also wenn

ich auf das Sichtbare sehe), so wird mir angst und weh. Wenn ich auf Jesum achte (also auf das Unsichtbare), so steig ich in die Höh, so freut sich mein erlöster Geist, der durch das Blut des Lammes gerecht und selig heißt.«

Dazu aber – so sagt uns unsere Elisa-Geschichte – gehören geöffnete Augen, die der Geist Gottes erleuchtet hat. Vom natürlichen Menschen, dem Gottes Geist die Augen noch nicht aufgetan hat, erklärt Jesus (Matth. 13,13):

»Mit sehenden Augen sehen sie nicht.«

Davon ist in der Bibel viel die Rede. In Sprüche 20,12 sagt Salomo: »Ein sehendes Auge macht der Herr.« Und ein Psalmsänger kann im 123. Psalm sagen:

»Ich hebe meine Augen auf zu dir, der du im Himmel sitzest. Siehe, wie die Augen der Knechte auf die Hände ihrer Herren sehen ... also sehen unsre Augen auf den Herrn.«

Das heißt: wegsehen von sich selbst und sehen auf das Unsichtbare.

Das ganze Leben der Gläubigen ist bestimmt von diesem Sehen auf das Unsichtbare. Sie sehen auf den dreieinigen Gott, den die Welt bestreiten kann, ohne dass die Kinder Gottes Ihn zeigen könnten. Sie rechnen damit, dass die Engel Gottes »dienstbare Geister sind, ausgesandt zum Dienst um derer willen, die ererben sollen die Seligkeit« (Hebr. 1,14). Auch im Blick auf ihren eigenen Zustand sehen die Kinder Gottes auf das Unsichtbare. Sie sind durch Jesu Versöhnung Kinder des lebendigen Gottes, eingesetzt in das himmlische Erbteil, herrlich gemacht im Blut Jesu und durch den Geist Gottes. So sagt der Apostel: Seht auf das Unsichtbare! »Haltet euch dafür, dass ihr der Sünde gestorben seid«(Röm. 6,11). In einem Lied von Krummacher heißt es:

Ich kenne mich nicht mehr im Bilde
der alten, seufzenden Natur.
Ich jauchze unter Gottes Schilde,
ich kenne mich in Christo nur.

Nun hat uns die Geschichte von Elisa weit hineingeführt in das Neue Testament und in das Wesen des Glaubens. »Herr, gib Augen, die was taugen, rühre meine Augen an; denn das ist die größte Plage, wenn am Tage man das Licht nicht sehen kann« – das dürfen wir für uns erbitten und – wie Elisa tat – für andere.

Geöffnete Augen

Bevor wir die Elisageschichte jetzt weiterbetrachten, sollten wir noch einmal den Text 2.Könige 6,14-17 lesen (Seite 230).

Gottes Heere

Eine himmlische Streitmacht hat sich zwischen die Feinde und die Stadt (oder vielmehr: den Propheten Gottes) gestellt. Von dieser Macht hat der Sohn Gottes später gesprochen. Als die feindlichen Scharen im Garten Gethsemane auf Ihn eindrangen, zog der tapfere Petrus ein Schwert und wollte den Herrn verteidigen. Der aber sagte zu ihm: »Stecke dein Schwert an seinen Ort. Meinst du, dass ich nicht könnte meinen Vater bitten, dass er mir zuschickte mehr denn zwölf Legionen Engel?«

Hier sehen wir nun den großen Unterschied zwischen dem Propheten des Alten Bundes und dem Sohn Gottes. Wenn diese himmlischen Scharen schon bereitstanden, den Propheten zu schützen, wie viel mehr standen sie bereit zum Dienst für den, der ihr Herr ist. Warum kamen sie Ihm, dem Sohn Gottes, nicht zu Hilfe? Warum erlebte die Jüngerschar nicht die Überraschung und Freude, die der Schüler des Elisa erfuhr? Wie hätte ihr Herz gejauchzt, wenn der

Garten Gethsemane auf einmal erfüllt gewesen wäre mit der Herrlichkeit der Heere Gottes! Warum geschah das nicht?

Jesus selber hat es dem Petrus erklärt. Das eben erwähnte Jesuswort (Matth. 26,52-53) geht so weiter: »Wie würde aber die Schrift erfüllt? Es muss also gehen.« Im Alten Testament also kann Petrus Auskunft bekommen, warum Jesus, anders als Elisa, auf die himmlischen Heerscharen verzichtet. Dort ist von dem kommenden Heiland die Rede als dem Leidenden, der des Volkes Sünde auf sich nimmt und das Gericht Gottes als unser Bürge stellvertretend trägt. »Die Strafe liegt auf ihm, auf dass wir Frieden hätten. Und durch seine Wunden sind wir geheilt« (Jes. 53).

So geht von dem durch die himmlischen Scharen bewahrten Elisa der Blick hinüber zu dem größeren Propheten des Neuen Bundes, der nicht bewahrt werden wollte, weil Er an unserer Statt der Gerechtigkeit Gottes Genüge tun musste.

An dieser Stelle wird die Vernunft sich zu Wort melden und fragen: »Dem Elisa eilten die Heerscharen Gottes zu Hilfe. Warum sie Jesus nicht beistanden, verstehen wir nun. Aber – wie steht es mit all den Märtyrern, die dem Hass der Menschen hilflos ausgeliefert waren und

für die sich die Streiterscharen Gottes offenbar nicht einsetzten? Wie steht es mit denen, die den wilden Tieren vorgeworfen, die auf Scheiterhaufen verbrannt wurden, die im KZ umkamen oder in heimlichen Folterkellern ihr Leben ließen? Wo waren denn da die Engelscharen?«
Nun, es ist nicht möglich, der Vernunft jede Auskunft zu geben über einen Gott, der selber sagt: »So viel der Himmel höher ist als die Erde, so sind auch meine Gedanken höher als eure Gedanken« (Jes. 55,9). Wer ist Gottes Geheimrat, dass er sagen könnte, warum der Herr den einen Seiner Knechte so und den anderen anders behandelt und führt? Darüber werden wir erst in der Ewigkeit Näheres erfahren. Aber eins ist sicher: So gewiss die himmlischen Heerscharen dem Elisa beistanden, so gewiss waren sie denen zur Seite, die um des Herrn Namen willen gelitten haben. Dafür haben wir viele Zeugnisse, das erste von dem Märtyrer Stephanus (Apostelgeschichte 7), der sterbend rief: »Ich sehe den Himmel offen.« Und solche Zeugnisse gehen bis in die Gegenwart.

Aus Angst errettet

Nun wollen wir unsern Blick richten auf den jungen Mann, der dem Elisa zur Seite stand. *»O weh, mein Herr! Wie wollen wir nun tun?«*

Dieser Mann ist ein Abbild des modernen Menschen; denn der Mensch von heute weiß mehr als unsere Väter von der Bedrohtheit unseres Lebens. Moderne Schriftsteller geben diesem Wissen um die Bedrohtheit unseres Daseins ergreifenden Ausdruck.

Darum ist die tiefste Schicht unseres Innern die Angst. Wenn man in ein Bergwerk einfährt, kommt man an Sohlen vorbei, Stollen und Wegen, die zur Kohle führen. Da kommt die erste, die zweite …, die achte Sohle. Und ganz unten, in der tiefsten Dunkelheit, ist der Sumpf. So ist es in unserem Leben. Da gibt es viele Schichten, in denen wir leben. Aber ganz unten im Inwendigen ist der Sumpf der Angst. Die Furcht vor dem Leben, dem Tod, vor Krankheit und Armut, vor der Atombombe und dem Bolschewismus und vor vielem andern ist alles nur ein Ausfluss aus der Urangst, die tief in uns ist. Darum sagt Jesus zu Seinen Jüngern:

»In der Welt habt ihr Angst« (Joh. 16,33).

Wie gut haben es die Kinder Gottes, dass sie auch die Fortsetzung dieses Wortes hören und glauben können: »… aber seid getrost! Ich habe die Welt überwunden.«

Wie gut haben es Kinder Gottes, dass sie mit ihrer Furcht nicht allein gelassen sind; dass sie – wie der Diener des Elisa – geöffnete Augen bekommen haben für das Unsichtbare; dass sie sich erkauft wissen dürfen durch das Blut Jesu Christi; dass sie sich bewahrt wissen von Engelscharen Gottes; ja, dass der Vater selbst sie unter den »ewigen Armen« geborgen hat!

Das Bild des verzagten Prophetenschülers will uns nicht loslassen. Ist dieser junge Mann nicht auch ein Abbild eines erweckten Gewissens? Wenn ein Mensch durch den Geist Gottes erweckt wird, dann weiß er mit einem Mal, dass alle Ängste der Welt nichts sind gegen die Schrecken Gottes. Der Diener des Elisa sah sich umstellt von Feinden. So sieht ein erwecktes Gewissen auf einmal ringsum schreckliche Feinde:

Da sieht man das Gesetz Gottes. Es erhebt Anklage: »Du hast den heiligen Gott nicht geehrt! Du hast Seinen Namen entheiligt! Du bist mit all deinen Streitereien ein Mörderherz! Du bist unkeusch und lieblos und selbstsüchtig und verlogen und böse und ungehorsam! Du bist des Todes schuldig!«

Und da ist der Teufel! Vorher wusste man nichts von ihm. Aber nun hört man seinen Spott: »Du bist mir verfallen. Du hast von mir

Handgeld genommen. Wie willst du vor Gott bestehen? Ich sorge dafür, dass du aus meinen Banden nicht herauskommst!«

Und da ist der Tod! Der »letzte Feind« greift nach uns, um uns vor das Gericht und den ewigen, unbestechlichen Richter zu schleppen. Und es gibt keine Hilfe gegen diesen Feind.

Ja, da ist der heilige Gott selbst. Und man erfährt im Gewissen, dass Er hinausweisen kann und dass Sein Zorn nicht ein Märchen ist! Dann ruft so ein erwecktes Gewissen wohl auch die bisherigen Ratgeber zu Hilfe: »Wie wollen wir nun tun?« Aber die zucken die Achseln, wie sie es bei dem verzweifelten Judas taten: »Da siehe du zu!«

Wie wunderbar ist es, wenn solch einem erweckten Gewissen die Augen aufgetan werden! Was sehen sie? Nicht die starken Heere Gottes. Im Gegenteil! Einen Elenden am Kreuz sehen sie. Aber eben dieser ist mächtiger als alle Engel. Die können höchstens von einem Benhadad erretten. Der gekreuzigte Jesus aber rettet vom Zorn Gottes, von Schuld, vom Tod, von der Hölle. Wie atmet das Gewissen auf, wenn es diese Hilfe sieht: »Das Blut Jesu Christi macht uns rein von aller Sünde!« Erkauft! Versöhnt! Erlöst! Gerettet!

In die Falle gelaufen

2.Könige 6,18-20: Und da sie zu ihm hinabkamen, bat Elisa und sprach: Herr, schlage dies Volk mit Blindheit! Und er schlug sie mit Blindheit nach dem Wort Elisas. Und Elisa sprach zu ihnen: Dies ist nicht der Weg noch die Stadt. Folget mir nach! Ich will euch führen zu dem Mann, den ihr sucht. Und führte sie gen Samaria. Und da sie gen Samaria kamen, sprach Elisa: Herr, öffne diesen die Augen, dass sie sehen! Und der Herr öffnete die Augen, dass sie sahen; und siehe, da waren sie mitten in Samaria.

Ein kühner Entschluss

Der Syrerkönig Benhadad hat eine Streitmacht nach Dothan geschickt, wo sich gerade der Prophet Elisa aufhält. Die Soldaten sollen den Elisa gefangennehmen. Denn der Syrerkönig, der Israel übel will, hat gemerkt, dass dieser Gottesmann und gewaltige Beter ein Schutz für Israel ist. Die Syrer umringen in der Nacht Dothan. Als es Morgen wird, sehen Elisa und sein Gehilfe die feindliche Streitmacht. Aber sie sehen noch etwas anderes: Ihre geöffneten Glaubensaugen erblicken Engelscharen, die zwischen den Syrern und der Stadt sich zum Schutz Elisas gelagert haben. Der erfährt handgreiflich: »Der Herr ist um sein Volk her.«

Das ist ja wirklich eine seltsame Geschichte. Und die Ausleger haben sich um die verschiedenenartigsten Erklärungen bemüht. Ehe wir ins Einzelne gehen, fassen wir das Ganze ins Auge: Unerschrocken geht Elisa mitten ins feindliche Lager und spricht dort mit dem Anführer. Vorher aber betet er, der Herr möge die Syrer verblenden. Das geschah. Jetzt bietet sich Elisa als Führer an: er wolle die Syrer zu dem Mann bringen, den sie suchten. Sie folgen ihm in ihrer Verblendung. Und Elisa führt sie nach Samaria.

Nun müssen wir wissen, was Samaria bedeutete. Damals war Gottes auserwähltes Volk geteilt: Im Süden war »Juda« mit der Hauptstadt Jerusalem. Im Norden hatten sich zehn Stämme zu dem Reich »Israel« zusammengefunden. Die Hauptstadt dieses Nordreiches war Samaria. Elisa führt also die Syrer, die mit dem Nordreich immer im Streit lagen, mitten in die Hauptstadt ihrer Feinde. Er führt sie nach Samaria, wo der König Joram seine Garnisonen und seine Streitmacht beieinander hat. »*Und da sie* (Elisa und der Prophetenschüler) *zu ihm* (zu dem Anführer der feindlichen Syrerscharen) *hinabkamen ...*« Unerschrocken verlässt Elisa die Stadt. Er geht durch die Engelscharen, die – für den unerleuchteten Blick unsichtbar – zwischen der Stadt und der feindlichen Schar lagerten. Und dann mischt er sich in die Reihen der Syrer. Wie macht das Wissen um den Beistand des lebendigen Gottes doch furchtlose Leute!

Ein vollmächtiger Beter

»… *bat Elisa und sprach: Herr, schlage dies Volk mit Blindheit! Und er schlug sie mit Blindheit.*« Es war noch gar nicht lange her, da hatte der Prophet im Blick auf seinen Schüler und Diener gebetet: »Herr, öffne ihm die Augen, dass er sehe.« Und da sah der junge Mann die Engelscharen. Nun betet Elisa im Blick auf die Syrer genau das Gegenteil. Welch eine Freudigkeit hatte der Prophet, Großes von seinem Herrn zu erbitten! Unser himmlischer Vater liebt es, wenn Seine Kinder ein unbedingtes Vertrauen zu Ihm haben und mit großen und kleinen Anliegen zu Ihm kommen.

Und welch eine Gebetsvollmacht hatte der Elisa! Ich bin überzeugt, dass er sich in diesen so gegensätzlichen Gebeten vom Heiligen Geist führen ließ. Der Apostel Johannes sagt:

»So wir etwas bitten nach seinem Willen, so hört er uns« (1.Joh. 5,14).

Das heißt doch, dass wir im Gebet eins werden müssen mit dem Willen Gottes. Das ist ein großes Geheimnis des geistlichen Lebens, von dem ein unerleuchteter Mensch keine Ahnung hat. Darum lamentiert er so viel über unerhörte Gebete. David hat sein Gebet (Psalm 141,2) damit begonnen, dass er den Herrn bat: »Mein Gebet müsse vor dir taugen ...« Es gibt also auch untaugliche und leere Gebete. Die Gebete des Elisa waren taugliche Gebete. Darum wurden sie erhört; so erhört, dass es dem Weltsinn unwahrscheinlich vorkommt.

»Schlage dies Volk mit Blindheit.« Das ist offenbar nicht so zu verstehen, dass sie wie Blinde herumtappten, dass ihr Augenlicht ganz erloschen war. Sie sahen die Landschaft und den Elisa sehr gut. Aber es ging ihnen wie den Emmaus-Jüngern, von denen es heißt: »Ihre Augen wurden gehalten, dass sie ihn nicht kannten« (Luk. 24,16). Und es erging ihnen wie den Leuten in Sodom vor der Tür des Lot (1.Mose 19,11). Die suchten die Tür. Also konnten sie wohl sehen. Aber ihre Augen waren gehalten, dass sie die Tür nicht erkennen konnten. Die Berleburger Bibel macht dazu die Bemerkung: »Der Herr schlägt die, welche wider Ihn streiten, mit Blindheit, nicht damit sie blind bleiben, sondern damit sie, wenn sie erfahren haben, wohin sie sich verirrt, erst recht sehend werden und die Verkehrtheit ihres Weges erkennen.« Da denken wir an die dreitägige Blindheit des Saulus, der, als er wieder sehen konnte, der große Völkerapostel Paulus wurde.

Mitten im Verderben

Wenn wir den Vers 19 oberflächlich lesen, denken wir zuerst: Hat hier der Elisa nicht gelogen? Und es gibt tatsächlich Ausleger, die meinen, hier habe Elisa eine Lüge als Kriegslist gebraucht. Denken wir lieber an Jesu Wort: »Siehe, ich sende euch wie Schafe mitten unter die Wölfe. (In dieser Lage war Elisa in der Tat.) Darum seid klug wie die Schlangen und ohne Falsch wie die Tauben.«

Genau nach dieser Regel hält sich der alttestamentliche Mann. Klug war seine Rede. Und ohne Falsch. Kein Wort, was er sagt, ist unwahr. Tatsächlich hatte er die Stadt Dothan verlassen. So konnte er getrost sagen: Dies ist nicht der Weg noch die Stadt. Und wirklich führte er sie zu dem Mann, den sie suchten. Aber erst, nachdem sie erfahren hatten, dass ihr Streiten gegen diesen Mann ein vergebliches Kämpfen gegen den heiligen Gott war.

»*Und führte sie gen Samaria.*« Wir sehen im

Geist die wilde Horde, wie sie durch die Tore Samarias einzieht. Unter Lachen und Geschrei werden sie wohl ihre Witze gerissen haben über den wunderlichen Gottesmann, den sie nun gewiss hier zu fangen hofften. Währenddem hat der König Israels, Joram, sicher schon seine Garnisonen mobilisiert.

Fröhlich und sorgenlos ziehen diese Syrer in ihr Verderben. Wie sehr gleichen sie den Menschen in dieser Welt, den Sündern und den Selbstgerechten! In falscher Sicherheit wandern sie dem Gericht Gottes entgegen, blind und ahnungslos.

In Vers 20 welch ein Bild! Das Gebet Elisas nimmt die Decke von den Augen seiner Feinde. Nun kommen sie zu sich und sehen, in welche Lage sie geraten sind. Endlich erkennen sie, dass sie schon längst verlorene Leute sind, dass ihr Kampf gegen den Propheten Gottes sie selbst in eine verzweifelte Lage gebracht hat. Welcher Schrecken! Welches Entsetzen!

»... *dass sie sahen; und siehe, da waren sie mitten in Samaria.*« Hier haben wir das Abbild eines Menschen vor uns, den der Geist Gottes erweckt hat. Von dem »verlorenen Sohn« (Luk.15) heißt es: »Da kam er zu sich.« So geht es einem Menschen, den Gottes Geist erweckt. Vorher war er wie betrunken von der Welt, von ihren Aufregungen, von ihrem Geld, von ihren Vergnügungen. Und er war wie betrunken von sich selbst; denn dem Normalmenschen gefällt niemand besser als er selbst. Ja, wenn man zu sich kommt! Da sieht man sich »mitten in Samaria«, mitten im Verderben. Man sieht sich selbst mit Gottes Augen. Man weiß, was das ist: ein verlorener Sünder. Aber in diese Lage müssen wir kommen. Dann erst kann uns Gott die Augen noch weiter öffnen für das, was Er in Jesus zur Rettung der Sünder getan hat. Da erst lernt man glauben und sich freuen an dem Heiland der Sünder.

Der Welt fällt nichts Neues ein

2.Könige 6,21-23: Und der König Israels, da er sie sah, sprach er zu Elisa: Mein Vater, soll ich sie schlagen? Er sprach: Du sollst sie nicht schlagen. Schlägst du denn die, welche du mit deinem Schwert und Bogen gefangen hast? Setze ihnen Brot und Wasser vor, dass sie essen und trinken, und lass sie zu ihrem Herrn ziehen! Da ward ein großes Mahl zugerichtet. Und da sie gegessen und getrunken hatten, ließ er sie gehen, dass sie zu ihrem Herrn zogen. Seitdem kamen streifende Rotten der Syrer nicht mehr ins Land Israel.

Nicht Mitmenschlichkeit, sondern Liebe

Bisher sahen wir in unserer Geschichte den Propheten Elisa als einen Mann des Glaubens, der nicht auf das Sichtbare, sondern auf das Unsichtbare sieht. Im weiteren Verlauf des Berichts sehen wir Elisa als den Mann der Liebe; nicht jener Liebe, die aus denn »Fleisch« oder einem wohlwollenden Herzen kommt, sondern der Liebe, die eine Frucht des Heiligen Geistes ist (Gal. 5,22).

Der lebendige Gott hatte offenbar zwei Ziele in Seinem Plan, als Er die Syrer in die Hand Elisas und des Königs Joram gab. a) Er hatte wunderbar eingegriffen, um Seinen Knecht und Zeugen Elisa zu erretten. Der sollte erfahren, was in Psalm 34 steht: »Der Engel des Herrn lagert sich um die her, so ihn fürchten, und hilft ihnen aus.« Der Liederdichter Paul Gerhardt hat es so ausgedrückt: »Hab' ich das Haupt zum Freunde und bin geliebt bei Gott, was kann mir tun der Feinde und Widersacher Rott!« b) Gott wollte wohl dem Elisa Gelegenheit geben, den neuen Geist des Reiches Gottes zu beweisen, den Geist der Liebe. Es sollte offenbar werden, dass der Prophet Gottes nicht gegen die Feinde des Herrn kämpft, sondern um sie.

Das ist in der Christenheit immer wieder vergessen worden: Die Christen kämpfen nicht »gegen«, sondern »um« Menschen. Wie schwer ist das doch zu begreifen! In unseren Tagen redet man bei kirchlichen Massentreffen und auf Kanzeln unendlich viel von »Mitmenschlichkeit« und von »Solidarität« mit denen, die nicht Christen sind. Dabei geht man schließlich so weit, dass man sich stellt, als wenn wir alle dasselbe wollten und dasselbe glaubten.

Davon ist in der Bibel nirgendwo die Rede, wie ja auch die Worte »Mitmenschlichkeit« und »Solidarität« keine biblischen Worte sind. Die Bibel spricht von Liebe als der Frucht des Heiligen Geistes. Da wird die Wahrheit des Evangeliums nicht um einen Fingerbreit aufgegeben. Da werden auch die Gebote Gottes nicht um einen Zentimeter preisgegeben. Aber man sieht im andern nicht einen Feind, gegen den es zu streiten gilt, sondern einen Menschen, den Gott auch liebhat und für den Jesus auch gestorben ist. Und darum betet man um Liebe zu dem anderen.

Wir haben diese Überlegung vorausgestellt, damit deutlich wird, wohin Elisa zielt. Ehe der Prophet dem Geist Gottes Raum machen und seine Liebe zu den ihm feindlichen Syrern beweisen kann, muss er zuerst sich herumschlagen mit dem falschen Geist, der in Israel regiert.

Nichts gelernt

»Mein Vater, soll ich sie schlagen?« So ruft Joram entzückt aus, als er die Streitmacht der feindlichen Syrer in ihrer hoffnungslosen Lage sieht. Nun sind sie in seine Hand gegeben! Das muss doch ausgenutzt werden! Begeistert sieht er das Gemetzel vor sich, das »den Syrern endlich eine heilsame Lehre sein wird«.

Hier spricht der Geist dieser Welt. Joram ist zwar König in Gottes Volk. Doch vom Geist Gottes wird er nicht regiert. Er gleicht den vielen Christen unserer Tage, die zwar »an Gott glauben«, aber nichts wissen von einer Wiedergeburt, von Heiligung des Lebens und von dem neuen Wesen im Heiligen Geist. Der König Israels – regiert vom Geist dieser Welt. Ein trauriges Bild!

An dieser Stelle muss ich den Leser bitten, einen Augenblick innezuhalten und sich zu prüfen, ob er nicht auch noch regiert wird von dem Geist dieser Welt, der seine Feinde »schlägt«, der »sein Recht« sucht, der hassen und schaden will. Ich denke daran, wie Kinder Gottes oft verstrickt sind in Feindschaften, wie sie in Hausgemeinschaften herrschen, oder in Streitigkeiten, die Familien zerreißen. Prüfen wir uns, ob wir nicht auch oft diesem Geist der Welt erliegen, der aus der Hölle stammt, wo man hasst und seine »Feinde schlagen« will. Mit Jesus ist etwas ganz Neues in die Welt gekommen:

»Liebet eure Feinde!«

Bei der Frage des Königs muss noch auf einen anderen Punkt seines Versagens aufmerksam gemacht werden. Der Herr hatte durch Sein Eingreifen die Syrer nach Samaria gebracht. Er hatte etwas Wunderbares getan. Statt dass der König endlich seine geistliche Halbheit aufgibt und sich dem Herrn, der so Großes an ihm getan hat, zu Eigen gibt, macht er sofort im alten Geist und Trott weiter.

Da denken wir an die Geschichte vom König Hiskia, die uns in Jesaja 38 berichtet wird. Der war durch ein Eingreifen Gottes von einer tödlichen Krankheit geheilt worden. Nun betete er an: »Ich werde in Demut wandeln all mein Lebtage ...« Aber gleich in den nächsten Versen wird uns berichtet, mit welchem Hochmut derselbe Mann sich vor den Gesandten Babels brüstete.

Wir denken auch an uns selbst. Haben Gottes Barmherzigkeiten unsern Sinn geändert, hat Seine Güte uns zur Buße geführt? Hat das Größte, dass Gott Seinen Sohn für uns gab, uns zu anderen Leuten gemacht? Nur zu sehr gleichen wir oft diesen Königen Joram und Hiskia!

»Mein Vater«, nennt der König den Propheten. Und das in demselben Satz, in dem er sein unbekehrtes Herz offenbart. Der Apostel Paulus hat den Christen in Korinth geschrieben: »Ich habe euch gezeugt in Christo Jesu durch das Evangelium« (1.Kor. 4,15). Er nannte sich ihren geistlichen Vater. Ja, wenn der König Joram sich hätte durch den Propheten zum Herrn führen lassen, hätte er ihn wohl »mein Vater« nennen können. Aber so war es nur Heuchelei. Das ist eine verbreitete Heuchelei, dass man geistliche Worte braucht, aber die Wirklichkeit des Lebens nicht vom Herrn bestimmen lässt.

Zwei Welten

»Du sollst sie nicht schlagen.« Hier kann man nur erschrocken fragen: Wie spricht denn dieser Prophet mit seinem König? Es klingt fast zornig. Ob hier vielleicht etwas mitschwingt von heiligem Zorn gegen den Joram, der mit freundlichen Worten heuchelt und der so we-

nig begreift, was Gott in dieser seltsamen Geschichte will?

»*Schlägst du denn die ...?*« Der Herr Jesus war mit Seinen Jüngern durch Samaria gewandert. Als Er Herberge suchte, wurde Ihm die verweigert. Die Jünger wurden darüber zornig und sagten: »Sollen wir nicht Feuer vom Himmel fallen lassen, wie Elia tat?« Als Antwort fragt Jesus sie:

> »Wisset ihr nicht, wes Geistes Kinder ihr seid?«

Der Geist dieser Welt und der Geist der Finsternis kennt nur Rache und Wiedervergelten und Chance-Ausnutzen und Hass und Schadenfreude. Diesen Geist also finden wir sogar bei den lieben Jüngern. Wie oft wohl hat Jesus, wenn wir es gar nicht merken, uns angesehen und gefragt: »Weißt du nicht, wes Geistes Kind du bist?«

»*... welche du mit deinem Schwert und Bogen gefangen hast?*« Da denke ich mit Trauer daran, wie viel russische Kriegsgefangene im letzten Krieg in unseren Lagern umkamen. Welche Schuld liegt auf unserem Volk! Der Weltmensch macht sogleich die Gegenrechnung auf: »Und wie viele Deutsche starben in russischen Lagern?« Aber alle Gotteskinder wollen wir fragen: Glaubt ihr nicht, dass Gott unserm Volke erst wieder helfen kann, wenn wir Buße tun für alles Unrecht?

So treten uns in der Geschichte zwei Welten entgegen: die Welt der Finsternis mit Hass und Vergeltung. Und die Welt des Gottesreiches, wo man liebt und vergibt. »Soll ich sie schlagen?« fragt der König. Das ist der Geist der Welt. »Du sollst sie nicht schlagen!« warnt der Prophet, der etwas weiß von dem Glauben, der durch die Liebe tätig ist (Gal. 5,6).

Und nun hebt ein gewaltiges Gastmahl an. Hier handelte es sich nicht um eine politische Verständigung, weil man einsah, dass die jetzt im Augenblick von der Vernunft geboten war. Hier handelte es sich um den Sieg des Geistes Gottes über den Geist der Welt. Es ist geradezu eine Dokumentation dafür, wie der Geist Gottes auch im Großen siegen kann, weil ein Mann da ist, der voll Heiligen Geistes ist und voll Liebe. Was kann ein einzelner Christ wirken in dieser Welt!

Die große Hungersnot

2.Könige 6,24 - 7,1: Nach diesem begab sich's, dass Benhadad, der König von Syrien, all sein Heer ver-

sammelte und zog herauf und belagerte Samaria. Und es war eine große Teuerung zu Samaria. Sie aber belagerten die Stadt, bis dass ein Eselskopf achtzig Silberlinge und ein viertel Kab Taubenmist fünf Silberlinge galt. Und da der König Israels auf der Mauer einherging, schrie ihn ein Weib an und sprach: Hilf mir, mein Herr König! Er sprach: Hilft dir der Herr nicht, woher soll ich dir helfen? von der Tenne oder von der Kelter? Und der König sprach zu ihr: Was ist dir? Sie sprach: Dies Weib sprach zu mir: Gib deinen Sohn her, dass wir heute essen; morgen wollen wir meinen Sohn essen. So haben wir meinen Sohn gekocht und gegessen. Und ich sprach zu ihr am andern Tage: Gib deinen Sohn her und lass uns essen! Aber sie hat ihren Sohn versteckt. Da der König die Worte des Weibes hörte, zerriss er seine Kleider, indem er auf der Mauer ging. Da sah alles Volk, dass er darunter einen Sack am Leibe anhatte. Und er sprach: Gott tue mir dies und das, wo das Haupt Elisas, des Sohnes Saphats, heute auf ihm stehen wird! Elisa aber saß in seinem Hause, und die Ältesten saßen bei ihm. Und der König sandte einen Mann vor sich her. Aber ehe der Bote zu ihm kam, sprach er zu den Ältesten: Habt ihr gesehen, wie dies Mordkind hat hergesandt, dass er mein Haupt abreiße? Sehet zu, wenn der Bote kommt, dass ihr die Tür zuschließt und stoßet ihn mit der Tür weg! Sieh, das Rauschen der

Füße seines Herrn folgt ihm nach. Da er noch also mit ihnen redete, siehe, da kam der Bote zu ihm hinab; und er sprach: Siehe, solches Übel kommt von dem Herrn! Was soll ich mehr von dem Herrn erwarten? Elisa aber sprach: Höret des Herrn Wort! So spricht der Herr: Morgen um diese Zeit wird ein Scheffel Semmelmehl einen Silberling gelten und zwei Scheffel Gerste einen Silberling unter dem Tor zu Samaria.

Wir können das Handeln des Propheten Elisa nicht loslösen von den Menschen, mit denen er zusammentrifft. Wir können sein Reden und Glauben nicht isolieren von den Geschehnissen, in die er verwickelt war. Darum müssen wir auch in diesem Textabschnitt eingehen auf einzelne Personen und näher erklären, was die Bibel nur gleichsam in Kurzsprache uns meldet.

Elisa hatte dem König Israels offenbar geraten, die Stadt Samaria nicht in die Hände der Heiden zu geben. »Wenn ihr Buße tut«, so wird er gesagt haben, »will Gott euch gnädig sein.« Während der Belagerung durch die Syrer trifft der israelitische König auf dem Wehrgang auf eine verzweifelte Frau. Es geht ihm auf, wie entsetzlich die Lage ist. »Ich hätte längst die Stadt ausliefern sollen! Elisa gab mir einen bösen Rat. Er trägt die Schuld an unserem Elend. Dafür soll er sterben!« Dem Propheten wird

durch Gott angezeigt, dass ein Bote zu ihm unterwegs ist. Aber noch ehe der ihn erreicht, ist ihm der König nachgegangen, vielleicht weil ihn der Mordbefehl schon wieder reute.
Nun wollen wir uns die verschiedenen Personen ansehen.

Der König von Syrien

Es wird nicht berichtet, warum die Belagerung von Samaria stattfand. Man versteht ja nie wirklich, warum Kriege geführt werden. Aber einer der Gründe ist sicher der Hunger nach Macht. Woher nehmen die Mächtigen dieser Erde eigentlich den Mut, immer wieder Macht aufzubauen, wo doch die Weltgeschichte lehrt, dass Macht immer zerbrochen wird? Nun, die Welt wird sich nicht ändern. Schlimm aber ist, wenn die Kirche Jesu Christi angesteckt wird und auch Macht und Einfluss gewinnen will. Beim ersten Schritt auf die Leiter der Macht hat sie Gott gegen sich. Wir haben einen Herrn, der ans Kreuz ging. Wer Ihm nachfolgen will, muss das Kreuz auf sich nehmen. Paulus sagt in 1.Korinther 1,27f:

»Was töricht ist vor der Welt, das hat Gott erwählt …, was schwach ist vor der Welt, das hat Gott erwählt, dass er zu Schanden mache, was stark ist …, und das Verachtete hat Gott erwählt und das da nichts ist.«

Jesus selbst fordert nachdrücklich (Matth. 16,24):

»Will mir jemand nachfolgen, der verleugne sich selbst und nehme sein Kreuz auf sich.«

Der König von Syrien ist zu Schanden geworden in seinem Hunger nach Macht.

Die beiden Mütter

Schauerlich, was in den Versen 28 und 29 erzählt wird! Das waren sicher in normalen Zeiten ganz brave, tüchtige Frauen. Und nun werden sie zu Mörderinnen. Wir haben es im Krieg erlebt, wie sonst opferbereite Mütter vor Hunger heimlich an die Essensrationen ihrer Kinder gingen. In solchen Gerichtszeiten kommt plötzlich heraus, was im Herzen ist. In 1.Mose 8,21 steht:

»Das Dichten des menschlichen Herzens ist böse von Jugend auf.«

Und der Sohn Gottes, der die Menschen kennt, sagt in Matthäus 15,19:

»Aus dem Herzen kommen arge Gedanken: Mord ...«

Von diesem Urteil wird niemand ausgenommen. Aber das muss uns der Geist Gottes erst gründlich aufdecken. Ein Pfarrer, der in Essen im Segen gewirkt hat, klagte mir einmal: »Wenn Gott mich nicht hält, dann kann ich jeden Tag ein Mörder werden, ein Ehebrecher und ein Dieb.« Weil es so um uns steht, brauchen wir einen Erlöser, der uns die bösen Gedanken und Taten vergibt. Darum brauchen wir Heiligung, die Er allein schenken kann.

Der König von Israel

Er hatte einen Anfang gemacht im Gehorsam gegen Gott, als er die Baalsgötzen ausrottete. Aber Stierbilder betete er weiter an.

»Er blieb hangen an den Sünden Jerobeams, des Sohnes Nebats, der Israel sündigen machte, und ließ nicht davon« (2.Kön. 3,3).

Nun kommt er in schreckliche Not und sucht den Propheten auf. Der wird ihm gesagt haben: Es ist Gott ein Geringes, aller Not ein Ende zu machen. Aber Er kann unsre Probleme nicht lösen, wenn wir uns nicht zu Ihm bekehren.

Ein wenig hat der König das befolgt. In Vers 30 erfahren wir, dass er unter seinem königlichen Kleid ein Büßergewand trug. Doch sein Herz war offenbar nicht geändert; denn seine erste Reaktion ist (Vers 31): ›Ich lasse Elisa umbringen!‹ Ein geändertes Herz hätte so nicht gesprochen. Man kann mit Worten viel beteuern. Man kann Gott um Vergebung bitten und drei Tage später fröhlich in den alten Sünden weitermachen. Meinen Sie, so könne Gott uns gnädig sein? Ist unser Christenstand, wie Jesus ihn will? Johannes 3,3 steht:

»Es sei denn, dass jemand von neuem geboren werde, sonst kann er das Reich Gottes nicht sehen.«

Wir alle haben Grund, mit dem Liederdichter zu bitten:

Herr, habe acht auf mich, schaff, dass mein
Herze sich
im Grund bekehre!
Trifft vom verborgnen Bann dein Aug' noch
etwas an -
Herr, das zerstöre!

Der König schickt also einen Boten zum Propheten. Im nächsten Augenblick tut es ihm Leid, er geht selbst zum Hause des Elisa. Und da sagt er dann das schreckliche Wort: »*Siehe, solches Übel kommt von dem Herrn! Was soll ich mehr von dem Herrn erwarten?*« Aus dem Bibeltext ist es nicht ganz deutlich, aber die Ausleger sind sich ziemlich einig darin, dass der Ausspruch vom König Israels stammt. Er sagt: ›Mein Herz ist ja gar nicht gewandelt. Wie kann Gott mir dann helfen?!‹ Welche Verzweiflung! Der König weiß: Bei mir ist alles nur Zeremonie, ich kenne keine Buße und keine Vergebung der Sünden. Alles ist nur Schein. Was kann ich vom Herrn erwarten? – Sprechen wir auch so? Paulus wusste anders zu reden (Römer 8,16):

»Derselbe Geist gibt Zeugnis unserm Geist, dass wir Gottes Kinder sind.«

Dieser Geist ist ein kindlicher Geist (Römer 8,15), der einem gütigen, barmherzigen Vater gegenübersteht. Wie herrlich ist diese Gewissheit gegenüber der Verzweiflung des Königs!

Die Ältesten

In der belagerten Stadt, die voll ist mit Kriegslärm, Mordgeist und der Verzweiflung des Königs, sitzt Elisa mit den Ältesten zusammen. Sie werden besprochen haben, was wohl die Absichten Gottes in diesen Notstunden mit Seinem Volke seien. Vielleicht haben sie überlegt, ob man um die Errettung der Stadt beten dürfe. Das war eine liebliche Zusammenkunft, wo es nach der Melodie ging:

*Herz und Herz vereint zusammen
sucht in Gottes Herzen Ruh.*

Luther hat gesagt, Israel sei die Kirche Jesu Christi im Alten Bund. Der König, die mörderischen Frauen – das gehörte alles zu Israel, alles zur Kirche. Aber innerhalb der großen Volkskirche sammelte sich die Gemeinde der Glaubenden. So ist es noch heute. Wir sollten nicht müde werden, an allen Orten, wohin wir kommen, diese Gläubigen zu suchen und uns zu ihnen zu halten.

Der Prophet Elisa

Wie stark ist seine Verbindung zu Gott, dass der ihn vor dem herannahenden Königsboten warnen kann! In der Bibel kommt nichts von »Christentum« vor, auch nichts von »Religion«, sondern da ist die Rede vom lebendigen Gott und von Seinem Heiland, also von einer

Person. Damit kann man so lebendige Verbindung haben, dass man deutlich gewarnt wird vor Stunden der Versuchung oder Gefahr.
Hören wir noch einmal, was der König klagt: »Siehe, solches Übel kommt von dem Herrn! Was soll ich mehr von dem Herrn erwarten?« Resignation, Verzweiflung! Und da sagt Elisa: *»So spricht der Herr: Morgen um diese Zeit wird ein Scheffel Semmelmehl einen Silberling gelten.«* Im Augenblick, wo der König sagt: ›Ich bin verstoßen‹, verkündigt Elisa Vergebung. Das ist das Thema der Bibel. Sie verkündigt Leuten, die verloren sind, Vergebung. Nicht Vergebung, die sie selber schaffen, sondern die Gott schaffen wird. Wir alle sind in der Situation der belagerten Stadt Samaria. Wo Menschen zusammensitzen, sitzt immer eine Sünderversammlung zusammen. Wie will ich auch nur eine einzige Lüge, die ich gesprochen habe, zurückholen, einen einzigen Streit ungeschehen machen? Wenn Gott Gerechtigkeit übte, kämen wir alle in die Hölle. Wie Samaria belagert war, so sind wir belagert vom Gesetz Gottes, das uns verurteilt. Und wie Elisa verkündigt: Morgen greift Gott ein und gibt Brot die Fülle – so hat Gott uns die Rettung angeboten und das »Brot des Lebens«, Seinen Sohn. Er sprengt die Ketten aller Belagerung,

Er schenkt uns alles, was wir zu einem Leben in Freude und Frieden nötig haben.

Dein Wort ist nichts als Wahrheit

2.Könige 7,2-20: Da antwortete der Ritter, auf dessen Hand sich der König lehnte, dem Mann Gottes und sprach: Und wenn der Herr Fenster am Himmel machte, wie könnte solches geschehen? Er sprach: Siehe da, mit deinen Augen wirst du es sehen und nicht davon essen! Und es waren vier aussätzige Männer vor dem Tor, die sprachen: Was wollen wir hierbleiben, bis wir sterben? Wenn wir gedächten, in die Stadt zu kommen, so ist Teuerung da und wir müssten sterben; bleiben wir aber hier, so müssen wir auch sterben. So lasst uns zu dem Heer der Syrer fallen. Und da sie an den Ort des Heeres kamen, siehe, da war niemand. Denn der Herr hatte die Syrer lassen hören ein Geschrei von großer Heereskraft. Und sie machten sich auf und flohen und ließen alles, wie es stand, und flohen mit ihrem Leben davon. Als nun die Aussätzigen in das Lager kamen, aßen und tranken sie und nahmen Silber, Gold und Kleider und verbargen's. Aber einer sprach: Lasst uns nicht also tun; dieser Tag ist ein Tag guter Botschaft. Wo wir das verschweigen, wird unsere Missetat gefunden werden. Und sie riefen am Tor der Stadt und sagten's ihnen an.

Und der König stand auf in der Nacht und sprach: Die Syrer wissen, dass wir Hunger leiden. Sie sind aus dem Lager gegangen, dass sie sich im Felde verkröchen und denken: Wenn sie aus der Stadt gehen, wollen wir sie lebendig greifen. Da sprach seiner Knechte einer: Man nehme fünf Rosse, die lasst uns senden und sehen. Und da sie ihnen nachzogen, da lag der Weg voll Kleider und Geräte, welche die Syrer von sich geworfen hatten. Da ging das Volk hinaus. Und es galt ein Scheffel Semmelmehl einen Silberling und zwei Scheffel Gerste auch einen Silberling nach dem Wort des Herrn. Aber der König bestellte den Ritter. Und das Volk zertrat ihn im Tor, dass er starb, wie der Mann Gottes geredet hatte. Und es geschah, wie der Mann Gottes dem König gesagt hatte, da er sprach: Morgen um diese Zeit werden zwei Scheffel Gerste einen Silberling gelten und der Ritter dem Mann Gottes antwortete und sprach: Siehe, wenn der Herr Fenster am Himmel machte, wie möchte solches geschehen? Er aber sprach: Siehe, mit deinen Augen wirst du es sehen, und nichts davon essen! Und es ging ihm eben also; denn das Volk zertrat ihn im Tor, dass er starb. (Text gekürzt wiedergegeben)

In Vers 3 werden wir auf einen neuen Schauplatz geführt, in das Niemandsland zwischen der Stadtmauer Samarias und den Zelten der Feinde. Da trieben sich vier arme Burschen herum, aussätzige Männer. In die Stadt durften sie nicht wegen ihrer Krankheit. Und zu den feindlichen Syrern konnten sie auch nicht. Als der Hunger zu arg wurde, beschlossen sie, das kleinere Übel zu wählen und zu den Belagerern sich zu schlagen. Mit Herzklopfen gehen sie auf die Zelte los und erwarten den Augenblick, wo der erste syrische Posten sie anruft. Aber – nichts geschieht. Wir können uns nun ausmalen, wie es weiterging: Die Aussätzigen fassten Mut und betraten das erste Zelt. Leer! Die anderen auch! Und überall reiche Schätze!

Errettetsein gibt Rettersinn

»Der Herr hatte die Syrer lassen hören ein Geschrei.« Es war strategisch überhaupt nichts passiert, was die Syrer zu diesem übereilten Rückzug hätte bringen können. Wenn der Herr Seinem Volk helfen will, braucht Er die Feinde nur einen Lärm hören zu lassen.

Nun essen sich die ausgehungerten Männer erst einmal satt, suchen sich Kleinode zusammen und schwelgen richtig in ihrem Reichtum – bis einer zum anderen spricht: *»Dies ist ein Tag guter Botschaft. Lasst uns hingehen, dass wir es ansagen dem Hause des Königs.«* Das ist genau richtig gehandelt. So geht's auch im Geistlichen zu: Zuerst muss man selbst errettet und mit allem Guten beschenkt werden. Und dann heißt es: Weitersagen! Ich fürchte, dass für viele von uns der Tag kommt, wo sie zur Rechenschaft gezogen werden, weil sie die »gute Botschaft« verschwiegen haben. Gott schenkt uns oft Gelegenheit, das Evangelium da anzubringen, wo es angebracht werden muss.

Christen rechnen anders

Der König hört die befreiende Nachricht. Doch er kann sie nicht glauben. ›Das ist eine Falle! Sie liegen im Hinterhalt und warten nur darauf, dass wir uns über ihre Lebensmittel hermachen, um uns dann totzuschlagen.‹ Das ist natürlich und sehr schlau gedacht vom König. Aber – er kalkuliert Gottes Möglichkeiten nicht ein. Der gottferne Mensch rechnet nur mit dem, was vor Augen ist. Und das ist nun eben doch nicht schlau, sondern töricht; denn im Reich unseres Herrn gibt es andere Möglichkeiten als im Bereich des Natürlichen. Und wir sind arme Leute, wenn wir immer nur rechnen, dass zwei mal zwei vier ist. Bei Gott kann zwei mal zwei auch fünf sein. So ist in den Augen der Welt einer, der am Kreuz hängt und dort schmählich stirbt, am Ende mit allem. Im Reich Gottes kapiert man: Das ist ein

Sieg, der Sieg, durch den die Welt freigekauft wurde. Gott schenke uns »erleuchtete Augen des Verständnisses« (Eph. 1,18), dass wir mit Seinen Möglichkeiten rechnen lernen.

Die Hauptmelodie

Die Einwohner von Samaria hatten nur die Wahl, in der Stadt zu bleiben und zu verhungern – oder sie zu verlassen und von den Syrern erschlagen zu werden. In dieser ausweglosen Situation gibt Gott durch seinen Propheten die Zusage: Morgen gibt es Brot (V. 1.16.18)! Da klingt die Hauptmelodie der Bibel an. Wenn ein Mensch aufwacht aus Selbstsicherheit und geistlichem Tod, dann stehen zunächst wie Feinde alle Sünden und Gebote Gottes vor ihm. Gottes Zorn entbrennt: ›Wie gehst du mit mir und meinen Geboten um!‹ Da droht die Hölle. Und man sieht keinen Ausweg. Doch dann hört so ein Mensch die herrliche Botschaft des Neuen Testaments: Jesus ist gekommen, um Sünder zu erretten. Wo man keine Chance zum Seligwerden mehr sah, heißt es jetzt: Jesus versöhnt mit Gott.

Von der Rettung ausgeschlossen

Wie schrecklich ist das Schicksal des Ritters (V. 17)! Er hört den Schrei: ›Draußen gibt es

Mehl!‹ Er sieht noch, wie andere fröhlich werden an dem Brot, das ihnen das Leben rettet. Aber dann gibt's plötzlich ein Gedränge, er stolpert und – wird totgetreten. Ein Mann kommt um im Angesicht der Freude. Es gibt Menschen, die an anderen sehen, wie das »Brot des Lebens« sie glücklich gemacht hat, und kommen selber doch um. Sie sehen, wie andere errettet werden, und haben keinen Teil daran, weil ihnen das Wort Gottes lächerlich war. »*Und wenn der Herr Fenster am Himmel machte, wie könnte solches geschehen?*«

Elisa hatte dem Spötter vollmächtig gesagt (V. 2): »*Mit deinen Augen wirst du es sehen und nicht davon essen!*« Nun erfüllt sich dieser Spruch. Und das ist der Hintergrund des Berichtes: Es gibt ein Gericht Gottes. Früher oder später richtet der Herr unsere Sünde. Die Apostel haben aus dieser Angst heraus gepredigt (Apostelgeschichte 2,40):

»Lasst euch erretten aus diesem verkehrten Geschlecht!«

Und an anderer Stelle (17,30) warnen sie:

»Gott gebietet allen Menschen an allen Enden, Buße zu tun.«

Hinter der Apostelpredigt steht die Angst vor der Hölle, vor dem Verlorengehen, dem ewigen Getrenntsein von Gott. »Der Weisheit Anfang ist die Furcht des Herrn.« Möchten wir etwas wissen von dieser Furcht und auch von der Freude über die Vergebung und dass der Herr Brot die Fülle gibt!

Sein Wort ist wahr

Wir müssen noch einmal die Verse 17 bis 20 lesen. Sie sind geradezu feierlich in ihrer Wiederholung: »*Und es geschah, wie der Mann Gottes geredet hatte …*« Hier wird uns die Majestät des göttlichen Wortes deutlich gemacht. Der Ritter war sich klug vorgekommen: ›Ich habe doch Verstand im Kopf! Es ist einfach nicht möglich, dass solch ein Wunder geschieht‹ (V. 2 und 19). Und nun klingt es bis in seinen schrecklichen Tod hinein: »… wie der Mann Gottes geredet hatte.« Es ist höchst gefährlich, das Wort Gottes nicht ernst zu nehmen. Wir Heutigen haben es im Kanon der Bibel. Dieses Wort ist Wahrheit. Wenn ich davon etwas nicht verstehe, möge es unverstanden bleiben. Aber Gott helfe mir, dass ich bis zum letzten Atemzug nicht ein einziges Wort gegen diese Wahrheit rede! Im letzten Buch der Bibel werden wir gewarnt:

»So jemand davontut von den Worten des Buchs dieser Weissagung, so wird Gott abtun sein Teil vom Holz des Lebens.«

In Psalm 119,160 heißt es:

»Dein Wort ist nichts denn Wahrheit.«

Wir alle sollten äußerst vorsichtig sein, dass wir nicht in Gottes Sperrfeuer hineinlaufen durch gottlosen Umgang mit der Bibel. ER selbst wacht über Seinem Wort.

Höchster Gott, wir danken dir, dass du uns dein Wort gegeben.
Gib uns Gnade, dass auch wir nach demselben heilig leben
und den Glauben also stärke, dass er tätig sei durch Werke.

Elisas Grab

2.Könige 13,20-21: Da aber Elisa gestorben war und man ihn begraben hatte, fielen die Kriegsleute der Moabiter ins Land desselben Jahres. Und es begab sich, dass man einen Mann begrub; da sie aber die Kriegsleute sahen, warfen sie den Mann in Elisas Grab. Und da er hinabkam und die Gebeine

Elisas berührte, ward er lebendig und trat auf seine Füße.

In Südamerika gibt es gewaltige Urwälder. Kühne Forscher sind dort eingedrungen trotz der Bedrohung durch wilde Tiere, Fieber und Giftpfeile der Eingeborenen. Völlig unvermutet fanden sie inmitten der tiefen Wälder eine große Stadt. Die Menschen, die sie gebaut hatten, waren längst gestorben. Das Volk, das hier einst gelebt hatte, war untergegangen. Aber die Forscher entdeckten großartige Bauten und staunten über noch vorhandene Schätze.

So kommt mir oft das Alte Testament vor. Ein Urwald von Unkenntnis und Missverständnissen hat sich um dies Buch gelagert. Gelehrte und Törichte haben dagegen geeifert. Die breiten Straßen unseres Jahrhunderts gehen längst daran vorbei. Wer aber trotzdem dort eindringt, der findet im Alten Testament die herrlichsten Schätze und die lauterste Wahrheit. Möchten wir das auch jetzt erleben bei der Betrachtung unseres seltsamen Textes!

Ein seltsames Geschehnis

Langsam bewegte sich ein feierlicher Leichenzug durch die Felder. Plötzlich gab es eine Stockung. Aufgeregte Flüchtlinge rannten vorüber und schrieen: »Die Moabiter kommen!«

Die Leidtragenden wussten sofort Bescheid: Seitdem man in Israel den Herrn verlassen hatte, gab es keinen Frieden mehr. Beständig kamen die Streifscharen der heidnischen Völker über die Grenzen und brandschatzten das unglückliche Land.
»Was tun?«, fragten die erschrockenen Leute. Da tauchten bereits am Horizont die Moabiter auf. Der Leichenzug löste sich auf. Jeder rannte davon. Verlassen standen die Träger mit der Bahre, auf der der Leichnam lag. Die braven Männer wollten ihn nicht einfach unbegraben stehen lassen. Einer zeigte auf eine Felswand: »Drüben ist ein Grab. Da haben wir vor kurzem den Propheten Elisa beigesetzt.« Schnell rannte man dorthin. Die Felsplatte, die das Grab verschloss, flog beiseite. Und recht unfeierlich kippte man den Toten in die Grabhöhle. Der rollte hinein, bis er neben der Leiche des Elisa lag.
Aber nun geschah etwas, was die Träger erstarren ließ. Kaum hatte der Tote die Leiche des Elisa berührt, da war es, als fahre ein Lebensfunke in ihn. Er bewegte sich. Taumelnd erhob er sich. Die Träger rannten davon, von doppeltem Schrecken gejagt – und hinter ihnen her lief der Mann, der von den Toten erstanden war.

In der Tat – eine wunderbare Geschichte! Die Gelehrten sind schnell bei der Hand: »Das sind alte Sagen!« Nun, der Herr Jesus ist anderer Meinung. Er erklärt: »Die Schrift zeugt von mir.« Jawohl, auch in dieser seltsamen Geschichte treibt der Heilige Geist Kreuzesunterricht.

Jesu, meines Todes Tod

Ich bin überzeugt: Diese Geschichte will uns wohl nicht das ganze Geheimnis des Kreuzes enthüllen, aber sie will eine einzelne Wahrheit über das Kreuz Christi einprägen. Und diese Wahrheit heißt: Die Berührung mit Jesus macht die Toten lebendig.

Nun muss ich zuerst erklären, was die Bibel unter »Toten« versteht. In der Schöpfungsgeschichte heißt es (1.Mose 2,7):

> »Gott blies ihm (dem Menschen) ein den lebendigen Odem.«

Gottes Leben war nun im Menschen, damit war er göttlichen Geschlechts. »War«, sage ich. Denn durch den Sündenfall wurde das anders. Der Gottesfunke erstarb, das Gotteslicht erlosch. Und nun ist der natürliche Mensch tot, tot in Sünden, tot für Gott. Er kann Gott nicht erkennen. Er kann nicht beten. Er kann nicht glauben. Er bildet sich ein, er sei gut; aber seine Werke sind böse. Er steht unter Gottes Zorn und Gericht; aber er fürchtet sich davor nicht. Das ist der Mensch: Er rennt herum, spielt Fußball, geht ins Kino, lacht, weint, sorgt sich, schafft – und ist für Gott und vor Gott tot.

Doch nun gibt es eine einzige Stelle, an der wir geistlich lebendig werden können: Jesu Kreuz. Wie das geschieht, das will ich deutlich machen an unserer Textgeschichte. Da wurde dieser Tote in das Grab des Elisa geworfen. Er war gleichsam mit dem Propheten zusammen tot und mit ihm zusammen begraben. Und davon wurde er lebendig.

Elisa ist ein Vorbild auf Jesus. Eine Berührung mit dem Kreuz bedeutet also: Ich muss mit Jesus zusammen sterben, mit Ihm begraben sein. Und in der Tat spricht die Bibel so von dem eigentlichen christlichen Erlebnis: Ich erkenne an, dass der Tod, der Jesus traf, eigentlich mir zusteht. Ich müsste rufen: »Mein Gott, warum hast du mich verlassen!« Ich habe Gottes ganzen Zorn verdient. Dies erkenne ich unter Jesu Kreuz an.

Und indem ich anerkenne, dass mein altes, gottloses Leben nichts wert ist, lege ich es gleichsam in ein Grab. Indem ich so mein Leben mit Jesus in den Tod und ins Grab gebe, geschieht es, dass neues Leben aus Gott in mir aufwacht. Wie der Tote, der mit Elisa im Grab lag, lebendig wurde, so wache ich aus der Begegnung mit dem Kreuz auf zu einem neuen Leben aus Gott.

Sein Tod – nicht das Ende

Elisa war ein einsamer Mann gewesen. Volk und König hatten den treuen Zeugen Gottes gehasst. Und als er starb, war man sicher froh: »Nun ist es endgültig aus mit dem unbequemen Mahner.« Aber in unserer Geschichte erlebt man: Sein Tod ist noch nicht das Ende. Er wirkt weiter.

Welch ein Hinweis auf Jesus! Welt und Hölle triumphierten, als Er das Haupt neigte und verschied. Doch schon steht ein Mann da, der durch Seinen Tod lebendig wird: Der römische Hauptmann bekennt laut seinen Glauben an Jesus, den Sohn Gottes.

In einer interessanten Geschichte des römischen Kaiserreiches wird geschildert, wie jeder neue Cäsar sich auf den Münzen feiern ließ als »Hoffnung der Welt«, als »Friedensbringer«. Alle Herrscher aber gingen unter in Blut und Mord. Und mit ihnen versank das römische Imperium. Doch über den Trümmern erhob sich der Gekreuzigte. Lebensströme gehen von Seinem Kreuz aus – bis auf diesen Tag. Und Millionen huldigen Ihm, dem Gekreuzigten, als dem Friedensbringer und der einzigen Hoffnung der Welt. Sein Tod war nicht das Ende, sondern der Anfang einer Herrschaft über einzelne Menschenherzen und über die ganze Welt.